SPL-COLL
951 CALLAS
Callas, Cordelia
Yehonala : la concubina que
se convirtio en la ultima
y mas influyente emperatriz
de China

Dodge City Public Library
1001 N. Second Ave., Dodge City, KS

Yehonala

La concubina que se convirtió en la
última y más influyente emperatriz de China

Colección
Reinas y Cortesanas

Cordelia Callás

Yehonala

La concubina que se convirtió en la
última y más influyente emperatriz de China

Colección
Reinas y Cortesanas

Dodge City Public Library
1001 N. Second Ave., Dodge City, KS

 L.D. Books

México ♦ Miami ♦ Buenos Aires

Yehonala
© Cordelia Callás, 2011

 L.D. Books

D. R. © Editorial Lectorum, S. A. de C. V., 2011
Centeno 79-A, col. Granjas Esmeralda
C. P. 09810, México, D. F.
Tel. 5581 3202
www.lectorum.com.mx
ventas@lectorum.com.mx

    L. D. Books, Inc.
    Miami, Florida
    sales@ldbooks.com

    Lectorum, S. A.
    Buenos Aires, Argentina
    ventas@lectorum-ugerman.com.ar

Primera edición: enero de 2011
ISBN: 978-607-457-149-3

© Portada : Victoria Burghi

Características tipográficas aseguradas conforme a la ley.
Prohibida la reproducción total o parcial sin autorización escrita del editor.

Impreso y encuadernado en México.
Printed and bound in Mexico.

Introducción

Cuando luego de entregar la obra sobre Ana Bolena la editorial me propuso emprender una semblanza de Yehonala, tuve dos reacciones encontradas. La primera fue de entusiasmo. Siempre admiré la figura de tan importante mujer, y ese sentimiento se tornó en fascinación cuando me empapé más de su vida antes de dar una respuesta.

La otra reacción fue la de querer evadir el tentador desafío. Aunque he escrito mucho sobre el mundo de las mujeres, no soy en absoluto especialista en temas chinos. Ya otros habían emprendido la tarea con conocimiento, esfuerzo y con resultados más que dignos, y cierto pudor intelectual me conminaba a no emprender esa labor.

Pero hubo argumentos que me convencieron. Se trataba de un breviario introductorio, que bien podría suscitar nuevos interesados en la vida de esta mujer que rigió los destinos de China durante décadas; de todos modos me apoyaría en la autoridad de los numerosos escritos previos; haría una honesta introducción; brindaría una bibliografía que podría orientar a los que se interesaran por la seductora manchú.

Digamos entonces cuáles son las limitantes para quien no sea un especialista en la materia.

Existen dos sistemas de transliteración del chino al alfabeto latino. Uno es el Wade-Giles, que suele ser el más conocido popularmente. El otro es el *pinyin*, más moderno y utilizado por los chinos para los documentos oficiales. Eso condiciona, entre otras cosas, la traslación de los nombres, incluido por supuesto el fundamental, el de la protagonista. Había que optar.

Este libro sigue en lo fundamental el sistema Wade-Giles, pero cuando se reproducen citas textuales de otros autores se respeta el sistema elegido por cada uno. Por ejemplo, se puede mencionar a Yehonala como Ci Xi, o Cixi, o al emperador Tung Chih como Tongzhi. De todos modos, siempre tratamos de recordar esta doble grafía.

Las fuentes ofrecían también algunos problemas.

Sir Edmund Trelawny Backhouse, por ejemplo, fue un egresado de Oxford que llegó a China teniendo 25 años. Manejaba a la perfección el chino y el ruso, su actividad intelectual era subvencionada por su familia y adoraba la aventura. En Pekín conoció a George Morrison, corresponsal del *Times* en China.

Morrison era un aristócrata inglés que no hablaba más que su lengua materna, por lo que Backhouse comenzó a fungir de asistente suyo; era el encargado de acercarle los rumores de la Corte.

Tanto a Morrison como a quienes lo rodeaban, Backhouse les hizo creer que era amante de Yehonala, desde 1902 hasta la muerte de la emperatriz, y que conocía la vida sexual de ella desde que Orquídea llegó al poder.

En 1913, Backhouse publicó su obra *China under the Empress Dowager*, y en 1914 *Annals and Memoirs of the Court of Peking*.

En ambos libros recopiló toda la información, falsa y verdadera, que había publicado Morrison a instancias suyas. Se acusaba allí a Yehonala de vivir rodeada de amantes e incluso se aseveraba que muchos de los eunucos que la asistían no estaban de verdad castrados y que eran también amantes de la emperatriz; incluso se decía también que había tenido un hijo con uno de ellos.

Todo esto lo repetían los diarios ingleses y norteamericanos, cuando los exiliados reformistas recorrían Japón y Europa.

A partir de 1974, según develó Sterling Seagrave en su libro *La última emperatriz de China*, se tuvo a Backhouse como un perfecto falsario. Sin embargo, toda la leyenda sobre la obscenidad sexual de Yehonala continuó rodando por Occidente.

Muchas de las otras fuentes la ven como ogro, como diosa o fluctúan con irregulares logros entre ambas posiciones.

Es que Yehonala sigue siendo una figura controvertida para los historiadores. Algunos la acusan de ser la responsable de la caída de la dinastía Qing, incluso en forma consciente; otros, en cambio, la presentan como la figura que evitó la desintegración del Imperio.

Los documentos oficiales que sobreviven de esa época, tanto como los relatos de quienes la conocieron personalmente, dan lugar a una u otra interpretación.

Tómese entonces este libro como una humilde introducción a esa figura que aún hoy suscita disputas, pero de cuya magnitud histórica nadie duda.

Si motiva algo de interés por la figura de la concubina devenida en emperatriz, si genera una posterior investigación en los libros precedentes y en los fundamentados que se sucederán sin duda, mi atrevimiento y algún previsible error estarán, de alguna manera, disculpados.

Gracias.

La autora

Capítulo I
Una "Orquídea" para el emperador

Al noreste de China, sobre el océano Pacífico y frente a Japón, se encuentra Manchuria, una extensa región montañosa, rica en metales, pero aterida por el frío de un invierno que parece no terminar jamás.

Hasta más allá del año 206 antes de Cristo, en que la dinastía Han decidió controlar política y militarmente el territorio, aquélla era una zona peligrosa habitada sólo por salvajes, tribus nómades que cazaban, se reproducían y se mataban entre sí sin más razones que las de apropiarse de un trozo de carne de oso.

No fue sino hasta 1609 –cuando Nurhachi, miembro del poderoso clan Aisin Gioro, se declaró emperador del territorio– que Manchuria se convirtió en un estado gobernado por la dinastía Qing.

En 1634, los mongoles, que hasta entonces eran aliados del estado manchú, se entregaron a la Corona del entonces gran emperador Hung Taiji, y la carrera hacia Pekín, el "Mandato del Cielo", comenzó inmediatamente.

Tras más de dos décadas de sangrientas batallas, la desfalleciente dinastía Ming que gobernaba China fue derrotada definitivamente y Kang Hsi, con apenas ocho años de edad, se calzó la pesada corona en la "Ciudad Prohibida".

Era 1662, y aunque los Qing ya habían asaltado el trono varios años antes, sería con el reinado (el más largo de la historia de China) del entonces pequeño Kang Hsi que los manchúes se transformarían en los nuevos e indiscutibles soberanos, pese a ser una etnia minoritaria en el enorme país.

El emperador Kang Hsi gobernó durante sesenta y un años y a él lo sucedieron otros monarcas manchúes que, en sucesivos mandatos, lograron no solamente mantener un prolongado tiempo de paz sino –y precisamente por eso– generar una enorme prosperidad en el Imperio. Tanto, que al comenzar el siglo XIX, la población del país era ya de 400 millones de habitantes, siendo, como siempre, la etnia Han la mayoritaria.

El aumento de la población, tanto como el tradicionalismo manchú, que despreciaba el comercio con otras naciones, pronto comenzaron a mostrar su costado más peligroso: la escasez de alimentos y el peso de la política tributaria sobre los sectores más pobres de la población. Estos males agigantaron el rencor del campesinado hacia la Corte imperial que, por añadidura, ni siquiera representaba a la etnia dominante.

En ese marco de inquietud e inestabilidad política, en 1795 la dinastía Qing fue desafiada por primera vez por el pueblo al que gobernaba. La insurrección campesina comandada (como siempre había ocurrido en China) por una secta secreta, en este caso la del Loto Blanco, se enfrentó al Ejército Imperial hasta 1804, en que fue aplastada.

La secta del Loto Blanco había sido fundada en el año 380 por Huiyuan, un carismático monje budista, y sería el origen de otras sectas transformadas, en la práctica, en organizaciones revolucionarias, como la Taiping, que en 1851, liderada por Hung Hsiu-chuan, un cristiano converso, inició una larga revuelta que se extendió por diecisiete años.

Negocios con Occidente

La negativa del gobierno chino a instaurar alguna forma de comercio legal con otros países no fue una cuestión menor para los europeos. China producía porcelana, seda, té y algodón, todos productos valorados y requeridos por las poblaciones de Europa.

De tal forma, la ecuación que conformaban el alto nivel de demanda y la baja oferta produjo el resultado previsible: los precios de los productos chinos en Europa se dispararon hasta el cielo.

Para las potencias extranjeras, Inglaterra y Francia en particular, el desequilibrio de la balanza comercial con China tenía pocas perspectivas de ser corregido; básicamente porque los chinos no consumían productos elaborados en aquel continente, con excepción del opio, que los europeos importaban a bajísimo costo desde la India.

Durante las tres primeras décadas del siglo XIX, el déficit comercial logró aliviarse por la vía del mercado negro. Los traficantes de opio introducían la sustancia en forma ilegal y, en la medida en que el consumo aumentaba entre la población china, las cuentas comerciales europeas no sufrían demasiado.

Pero en 1839 el inestable equilibrio comercial se desplomó cuando el emperador Tao Kuang, aterrado por el creciente consumo del narcótico y por la cantidad de dinero que por ese camino se escurría del tesoro chino, decidió no sólo prohibir el consumo sino perseguir con severidad el tráfico ilegal de opio.

Agitando la bandera de la defensa del libre comercio, Inglaterra le declaró la guerra a China para forzarla a abrir sus puertos a la entrada de mercancía extranjera; en rigor de verdad, al opio.

La embestida británica creó las condiciones para que también otros países, no sólo de Europa, le reclamaran al Emperador una política de "libre comercio". Al conflicto bélico se lo conoció como la Primera Guerra del Opio.

Más tarde llegaría una segunda arremetida militar.

El resultado de la confrontación entre británicos y chinos no podía ser más previsible. Inglaterra contaba con armamento moderno y abundante, tenía la mejor flota naval del mundo y la mayoría de sus oficiales y de sus soldados eran veteranos de las guerras napoleónicas.

El ejército chino, en cambio, no sólo carecía de armamento sofisticado; también estaba conducido por generales más preocupados por sus posesiones territoriales y sus sirvientes que por conocer las técnicas militares de la época.

El 29 de agosto de 1842, a bordo del buque de guerra británico *HMS Cornwallis* fondeado en las aguas del río Nankín, los representantes del emperador Tao Kuang y los de la reina Victoria firmaron un tratado en virtud del cual China se obligaba a permitir el libre ingreso de mercancía británica por cualquiera de los cinco puertos que reclamaron los ingleses, a pagar un total de 21 millones de dólares (en monedas de plata) a lo largo de los siguientes tres años en concepto de compensaciones diversas, a recibir cónsules del Reino Unido en cada uno de los puertos libres con derecho a tratar de igual a igual con el emperador y a entregar la isla de Hong Kong a su majestad británica.

Era una ocupación encubierta que se sumaba a un tratado leonino y desigual. Acuerdo que inauguraba toda una serie de tratados semejantes que el Imperio se vio forzado a firmar también con otros países europeos, además de con Estados Unidos y Japón.

La humillante derrota quebró la autoridad del emperador y la prepotencia del imperialismo inglés sumió a China en el hambre y el descontento. El vergonzoso armisticio había preparado las condiciones para una insurgencia que ni siquiera necesitaba buscar un líder porque ya lo tenía. Era el mencionado Hung Hsiu-chuan, un monje convertido al cristianismo, jefe del movimiento Taiping.

Un débil sucesor

En el atardecer del 25 de febrero de 1850, el emperador Tao Kuang murió en la cama de su enorme recámara del Palacio de Verano, en Chengde, a 8 kilómetros de Pekín. Tenía sesenta y ocho años y cargaba con la mácula de haber sido el primer emperador chino que perdía parte del territorio del Imperio a manos extranjeras.

Era padre de diecinueve hijos, nueve varones y diez mujeres, pero los tres primeros habían muerto antes de que naciera Yichu, por lo que éste, un joven de diecinueve años, estaba destinado a heredar un reino que marchaba hacia su última estación.

Yichu, quien se convertiría en el emperador Hsien Feng, no parecía ser el mejor sucesor de la pesada corona que dejaba Tao Kuang.

Más preocupado por las artes que por la política, el joven príncipe era un muchacho enfermizo, débil de carácter y con una marcada inclinación xenófoba, lo que en las condiciones en que recibía el trono no dejaba de ser un problema adicional para su futuro reinado.

Su hermano menor, en cambio, el príncipe Kung, sí había heredado las dotes políticas de su bisabuelo, el legendario Chien Lung, pero los derechos de sucesión no le correspondían.

Mientras el nuevo emperador se calzaba la corona que le dejaba su padre, lejos de allí, en la antigua capital Nanjing, un movimiento revolucionario campesino se preparaba para liderar una revuelta que se extendería por diecisiete largos años. Y en una cómoda residencia de Pekín, una hermosa joven de nombre Lan Kueu, que en mandarín significa "pequeña orquídea", vivía junto a su madre, sus dos hermanos varones y su hermana menor, casi como una criada más en la casa de su tío, tras la prematura muerte de su padre.

Vivaz, inteligente, pero antes que nada ambiciosa, la joven del clan Yeho Nala tenía apenas quince años cuando

Hsien Feng ascendió al trono, pero ya sabía que no estaba dispuesta a llevar una vida gris, sometida a los mandatos de un marido barrigón que la llenase de hijos.

No era noble como su prima Sakota ni tampoco pertenecía a una familia adinerada, pero confiaba en su bello rostro, su mirada cautivante y su capacidad natural para absorber conocimientos con asombrosa facilidad.

Dice el profesor Isaac Taylor Headland respecto de los orígenes de la joven Orquídea:

"Nació en una casa pequeña, en una calle estrecha en el interior de la puerta oriental de la ciudad tártara [...] el nombre de su padre fue Chao, era un oficial militar que fue decapitado después de algún descuido del deber [...] la situación financiera de sus padres era tal que cuando era niña tenía que ayudar en el cuidado de los niños más pequeños, y llevarlos a la espalda, como las niñas hacen en China".

Nada de todo eso volvería a repetirse, según se había propuesto la decidida muchacha.

Por aquellos días, mientras el nuevo emperador comenzaba a dar muestras elocuentes de que no había nacido para el ejercicio del poder, mucho menos en las angustiosas circunstancias en que debía ejercerlo, y delegaba en su hermano menor el trato con las Cortes imperiales, Lan Kueu era conducida por su madre, la señora Niuhulu, a una oficina situada junto a la Ciudad Prohibida para que las autoridades imperiales registraran su nombre, su apariencia física, su condición social y sus dotes intelectuales, a fin de ser convocada para servir en la Corte en caso de que se la necesitara.

La costumbre manchú, que tenía carácter de obligatoria, no era precisamente bien vista por los padres de las jóvenes que, si sus hijas eran llamadas a servir en la Ciudad Imperial, no volverían a saber de ellas hasta muchos años después.

Para Orquídea, sin embargo, la posibilidad de franquear los portones reales encerraba la promesa de una vida como la que soñaba.

En la Ciudad Prohibida

El día esperado llegó una mañana de comienzos de 1852, cuando una cédula real convocó a la joven para presentarse en la Corte, en una de las puertas de entrada de la Ciudad Imperial, a los efectos de integrar la extensa lista de sesenta concubinas que la burocracia real había seleccionado para darle un hijo varón al Hijo del Cielo, o sea, el joven emperador Hsien Feng.

Apunta la escritora Anchee Min:

"No era un buen momento para entrar en la Ciudad Prohibida, un vasto complejo de palacios y jardines dirigido por miles de eunucos y rodeado por una muralla, que se hallaba en el centro de Pekín. La dinastía Qing estaba perdiendo su vitalidad y la Corte se había convertido en un lugar aislado y xenófobo".

Para los frescos diecisiete años de la pequeña Orquídea, en cambio, atravesar el gigantesco portón que separaba a la Ciudad Real de la Ciudad Imperial era como trasponer las puertas del cielo. No ignoraba que debía competir con decenas de jóvenes, todas tan bellas como ella, por obtener el favor real, pero confiaba en sus artes para lograrlo. Por eso había roto sin dolor el compromiso matrimonial con su primo Jung Lu, un joven y apuesto oficial de la guardia del emperador.

Orquídea sabía también que el haber entrado al harén con el rango más bajo que se le asignaba a las concubinas (tercer grado) exigiría un esfuerzo adicional para filtrarse en la recámara del Hijo del Cielo; algunas ni siquiera lo lograban una sola vez y envejecían encerradas en el Palacio de las Concubinas Olvidadas sin que el emperador supiera de su existencia. Pero Orquídea confiaba en sí misma. No tenía sangre noble, aunque conocía las leyes de la calle, los efectos de los sobornos y los milagros que podían producir las artes amatorias bien utilizadas.

Se cuenta, aunque es difícil saberlo y mucho más probarlo, que para superar la prueba de virginidad que se les hacía a todas las aspirantes, Yehonala (como la llamarían después) debió sobornar a la partera, pues hacía ya algún tiempo que la joven había conocido los placeres del sexo.

En cualquier caso, era la muestra de lo que estaba dispuesta a hacer para llegar hasta el lecho del Hijo del Cielo.

Capítulo II
La concubina manchú

*L*a tradición imperial china indicaba que el emperador debía concederle a su esposa principal un determinado tiempo de exclusividad, antes de recurrir sexualmente a sus concubinas. Se buscaba que la valiosa simiente del Hijo del Cielo no fuese malgastada en mujeres de menor categoría que la emperatriz, antes de comprobar que ésta, efectivamente, no fuera capaz de brindarle a su Señor un primogénito varón que heredase el trono.

Por ello Sakota, la prima de Orquídea, que había sido favorecida por Hsien Feng con el título de esposa principal y emperatriz, disfrutó de los primeros meses de matrimonio con el Emperador sin competencia a la vista.

No eran buenas noticias para Yehonala, porque si la joven emperatriz concebía tempranamente un hijo varón, el ascenso en la escala jerárquica para el resto de las concubinas difícilmente superase el rango de "favorita". Pero para Orquídea, barajar aquella posibilidad suponía una injustificada pérdida de tiempo. Prefirió, entonces, abocarse a estudiar con los maestros eunucos caligrafía, historia china, literatura y pintura (su debilidad), y ganarse el afecto y la consideración de la madre del Emperador.

La vieja Emperatriz Viuda Xiao Zhuan seguía ejerciendo una notable influencia sobre su hijo, el flamante monarca, tanto como el grupo de eunucos que lo rodeaban, en especial An-te-hai, jefe de todos ellos.

Pronto el selecto entorno imperial pasó a formar parte del círculo de aliados de la bella concubina manchú. Ellos eran quienes podían disponer con cuál de todas las jóvenes que aguardaban su turno dormiría cada noche el emperador, transcurrido aquel tiempo prudencial que prescribía la tradición y el protocolo.

La juventud del Monarca poco tenía que ver con lo que denotaba su cuerpo. Fofo por falta de ejercicio, pálido por el escaso contacto con el sol y el aire libre, y estragado por los efectos del opio y el alcohol que consumía abundantemente para huir de una realidad que lo agobiaba, Hsien Feng era además un monarca carente de fantasías y componentes lúdicos en lo sexual.

Tanto Sakota, la emperatriz que acabó siendo madre de una niña, como las concubinas que pasaron por el lecho imperial durante los cinco años en que Orquídea debió esperar su oportunidad, no habían sido capaces de quebrar la monotonía amorosa que proponía el Emperador en cada encuentro.

Aquello, seguramente, fue la clave de lo que ocurrió después de la primera vez en que el nombre de Yehonala apareció en la placa de jade, posada en la mesa de marfil ubicada junto a la alcoba imperial. Allí se inscribía el nombre de la concubina que esa velada acudiría a su recamara.

Esa noche, Orquídea fue conducida hasta la habitación del Emperador sobre las espaldas del eunuco que se ocupaba de dicha tarea. Iba cubierta sólo por una sábana roja, la que debió quitarse luego de ser depositada en el interior de la recámara. Completamente desnuda se sentó a los pies de la cama del Monarca y, después de verlo entrar, se arrastró hasta él en gesto de total sumisión a la voluntad del glorioso Hijo del Cielo.

Lo que pasó después apenas puede conjeturarse, pero es evidente que la muchacha debió llevar al Emperador de regreso al seno de su padre, o sea, al Cielo, porque Hsien Feng ya no quiso volver a consultar la placa de jade apoyada sobre la mesa de marfil durante varios meses.

Si se tiene en cuenta que todas las muchachas que entraban a la Ciudad Prohibida en carácter de concubinas del emperador eran seleccionadas fundamentalmente por su belleza, parece difícil que éste haya sido el rasgo sobresaliente de la joven que encandiló a Hsien Feng.

Es mucho más verosímil suponer que fueron sus desarrolladas virtudes amatorias las que produjeron tamaña atracción sobre el Emperador, cualidades que, con seguridad, no pudo haber desarrollado durante su estancia en la Ciudad Imperial, habida cuenta de que allí no existía otra presencia masculina con todas las condiciones para ejercer la virilidad que no fuera la del soberano. El resto eran eunucos.

Este dato permite sospechar que la ya mencionada versión del soborno a la partera al que habría acudido Orquídea debe estar bien encaminada.

Un metro y medio de seducción

Tres meses después de aquel primer encuentro entre la concubina y el Monarca, comenzó a hacerse visible el embarazo de Yehonala, y la posibilidad de que en su vientre se estuviese gestando el heredero varón del Imperio inmediatamente movilizó todos los resortes sanitarios de la Ciudad Prohibida.

Pero no fue sólo eso. En cuestión de días, la muchacha que hasta entonces no era más que una de las tantas jóvenes que aguardaban entrar a la alcoba real se transformó, para los intrigantes miembros de la Corte, en una preocupante cuestión de Estado.

Si la concubina de ojos enigmáticos y andar felino daba a luz un niño, se convertiría en emperatriz, con menos rango que Sakota, por supuesto, pero eventualmente con más poder que la insulsa primera esposa del Emperador. Hsien Feng estaba embrujado por la muchacha, el príncipe Kung se llevaba de maravillas con ella, y todo el círculo íntimo del Hijo del Cielo parecía rendido a sus pies.

No era un escenario auspicioso para los políticos chinos, hasta que no confirmasen que Yehonala podía ser manipulada por Kung, en caso de que el Emperador, como todo hacía prever, no durase vivo mucho tiempo.

Más aún, tampoco la personalidad de la muchacha se adecuaba a lo que, por entonces, se esperaba de una mujer. El prolífico antropólogo y escritor Keith Laidler la describió con precisión:

"No podía negarse que la joven Yehonala era hermosa. Aunque baja para ser manchú, pues no medía más de 1.53 metros, su rostro, su sonrisa encantadora y le perfecta simetría de su figura la volvían una digna rival de la 'Belleza de Rostro Redondo' de la leyenda [...] Si se sumaban a esto su mente rápida e inteligente, un pícaro sentido del humor y una voz sensual y argentina [...] quedaba garantizado que su presencia en un salón no pasara inadvertida".

Más adelante, Laidler abandona la descripción física para adentrarse en un terreno menos amable de la agraciada concubina:

"Otros aspectos de su carácter, menos loables –su temperamento explosivo e impredecible y su naturaleza vengativa llegaron a hacerse legendarios–, sin dudas fueron ocultados a sus examinadores durante su primera visita a la Ciudad Prohibida".

Juegos de poder

El 27 de abril de 1856, Yehonala, de veinte años de edad, dio a luz a un varón. El niño no era robusto pero parecía absolutamente sano. A diferencia de la niña que había alumbrado la emperatriz Sakota algunos meses antes, los médicos le auguraron al príncipe recién nacido una larga vida y una salud digna del emperador que habría de ser a la muerte de su padre.

Inmediatamente Orquídea pasó a llamarse Tzu Shi y se transformó en emperatriz, con menor rango que la esposa principal de Hsien Feng, pero autorizada a compartir con Sakota la educación y la regencia del pequeño Tung Chih, como llamaron al bebé. Además, debió mudarse a un palacio destinado sólo a ella.

El nuevo rango adquirido por la muchacha que hasta unos pocos años atrás era casi una criada en la casa de sus tíos no estaba exento de peligros y amenazas diversas. El Emperador se había tomado la costumbre de consultar a Yehonala sobre sus actos de gobierno, ya antes de que ella se convirtiese en emperatriz, por lo que, al adquirir el nuevo rol, su influencia sobre el Monarca se acentuó.

Esta situación no parecía molestar ni al príncipe Kung ni a la esposa principal de Hsien Feng, pero sí, y profundamente, al Gran Consejero Su Shun, un general que había conquistado un enorme poder de decisión en la Corte, en especial luego de la intervención de las potencias extranjeras en China.

Orquídea sabía, y el Emperador no ignoraba, que el país caminaba por un estrecho desfiladero en el que se jugaba la suerte de la dinastía Qing. La rebelión Taiping, que ya controlaba una buena parte del sur y el sureste del país, sumada a la presencia cada vez más intrusiva de los "demonios extranjeros", como los llamaba el Monarca manchú, había reducido la capacidad de maniobra del Emperador y su Corte a la mínima expresión.

Además, la creciente corrupción de los funcionarios desataba todo tipo de luchas políticas entre las distintas fracciones para obtener una mayor cuota de beneficios personales para sus integrantes.

Las provincias chinas eran gobernadas por los mandarines, funcionarios de primer orden que se formaban durante años para ser elegidos como gobernadores por las máximas autoridades del Reino. Los costos económicos de la formación académica exigida no eran luego compensados por el salario recibido a cambio, por lo cual este funcionariado debía recurrir a la venta de influencia, al soborno y a otro tipo de prácticas ilegales, basadas en el poder que ostentaban, para amasar fortunas enormes. Perder los favores de la Corte o del emperador podía fácilmente transformarse en una condena a muerte, razón por la cual cada uno de ellos libraba su propio combate para mantener el poder y agigantar su riqueza.

A las puertas del Cielo

También existía otra casta que, aunque en apariencia se situaba en el escalón más bajo de la jerarquía imperial, manejaba una cuota de poder considerable: los eunucos.

Sirvientes de la familia real, los 3 mil hombres castrados que habitaban la Ciudad Prohibida manejaban, en los hechos, el funcionamiento de la ciudad en la residía el Hijo del Cielo y ellos, más que nadie, estaban en condiciones de influir sobre las decisiones del monarca.

Así, mandarines, miembros del Gran Consejo que asistía al emperador, eunucos e influyentes generales, constituían toda una *troupe* de potenciales enemigos de la nueva emperatriz, la ahora llamada Tzu Shi.

Sin embargo, ya antes de convertirse en la madre del heredero, Yehonala había garantizado para sí tres apoyos políticos fundamentales: el del príncipe Kung, el de la

Emperatriz Viuda, madre de Hsien Feng, y el del eunuco jefe An-te-hai que, por voluntad propia, se había convertido en su sirviente personal, acaso vislumbrando la potencialidad que exhibía esa joven nacida allá en Anhui, una provincia situada en la zona centro-oriental de China, rodeada en el sur por la cordillera Huangshan.

Cuando el pequeño Tung Chih cumplió su segundo año de vida, las pujas políticas dentro de la Ciudad Imperial se habían radicalizado al extremo en razón de varios factores, algunos internos y otro externo.

Por un lado, la salud del Emperador había comenzado a mostrar alarmantes signos de agotamiento. La hidropesía, que lo atormentaba desde hacía un par de años, le hinchaba el cuerpo y le cubría la piel de edemas, y el abundante consumo de opio le había minado casi por completo las fuerzas.

Pocos dudaban de que los días del Hijo del Cielo estaban contados. Semejante certeza desató una violenta puja por la administración de un poder que pasaría a las manos de un niño.

El Gran Consejo, liderado por el ambicioso Su Shun, aspiraba a manejar por entero las cuestiones de Estado, propósito que también perseguía el príncipe Kung, enemigo irreconciliable del poderoso general.

En el frente interno, los insurgentes Taiping dominaban ya la antigua capital Nakín y las provincias de Guelin, Cantón y Guaxi, amenazando cada vez más seriamente la estabilidad de la propia dinastía Qing.

Y respecto de los "demonios extranjeros", la presencia de las naciones occidentales aumentaba, condicionando así los márgenes de maniobra del gobierno chino.

Durante esos años, Yehonala, favorecida por la decisión de Hsien Feng de que fuera ella quien se ocupase de clasificar y ordenar los documentos que llegaban a manos del Emperador, había aprendido a conocer todos y cada uno de los vericuetos por los que transitaba el poder real.

Éstos fueron años fundamentales para el crecimiento y la formación de Yehonala. La joven se había preparado bien antes, desde fuera del centro de las decisiones, pero ahora estaba en el ojo del huracán, y no sólo se preocupaba por oír, ver, aprender. También se ejercitaba en el arte de prever los acontecimientos, tejer las alianzas más convenientes y estar en el lugar exacto en el que, dicen, el azar y la suerte encuentran al que supo prepararse. Su posición estaba ya cargada de futuro.

Si el Hijo del Cielo emprendía el camino hacia el más allá, y ella lograba retener la regencia del heredero, sería la nueva gobernante de China.

Capítulo III
Una mujer aguerrida

*E*n el anochecer del 22 de agosto de 1861, entre las sábanas amarillas de su lecho, en un palacio del norte adonde había debido huir, Hsein Feng abandonó el mundo de los vivos. El líquido acumulado en el abdomen, producto de la hidropesía para la cual no existía cura, había viajado finalmente hasta el corazón provocándole el paro cardiaco que lo llevó a la muerte.

Debido a la deformidad del cadáver, producida por la enfermedad, recién el 5 de octubre el cuerpo amortajado del Emperador estuvo en condiciones de ser trasladado a Pekín.

Cargada de simbolismo, la escena de la entrada del Cortejo a la Ciudad Imperial fue narrada por la magnífica pluma del escritor alemán Winfried Georg Sebald:

"Cuando por fin el cortejo fúnebre alcanzó su meta la mañana del 1 de noviembre, a ambos lados de la calle que conducía a las puertas de la Ciudad Prohibida y que se había rociado de arena amarilla, colgaban pantallas de seda azul de Nankín, para que el pueblo llano no pudiera dirigir su mirada al rostro de Tung-chih, el niño-emperador de cinco años, al que Hsien-feng había nombrado heredero al trono del dragón aún durante sus últimos días y que ahora, en un palanquín tapizado, detrás de los restos mortales de su padre, era transportado a su casa al lado de Cixi, su madre, ascendida del concubinato y que ya ostentaba el augusto título de Viuda del Emperador".

En efecto, Yehonala, o Cixi, o la emperatriz Tzu Shi, se disponía a detentar el poder de un reino que después de más de 2 mil años de existencia marchaba hacia el fin de sus días. Pero antes debería luchar para que eso sucediera.

Tiempos de borrasca

La presión libremercadista ejercida un par de años atrás por la prepotente Inglaterra y sus aliados norteamericanos y franceses había generado una Segunda Guerra del Opio, que no solamente provocó la huida del Emperador y su familia hacia Jehol, sino que agudizó los conflictos políticos entre facciones en el interior de la Corte, allanándole aún más el camino a la insurgencia Taiping.

A mediados de 1856, el gobierno británico solicitó la ampliación del ya leonino tratado de Nakín. Exigían la legalización del opio por parte de las autoridades chinas, la abolición de los impuestos a los comerciantes extranjeros, libre comercio en todo el país y liberar el tráfico de trabajadores semiesclavos, un negocio absolutamente lucrativo para las potencias.

Como era previsible, el Emperador rechazó de plano las exigencias, pero, además, impulsado por el Gran Consejo, el gobierno chino le ordenó a la Guardia Imperial que arrestara a traficantes y contrabandistas.

El 8 de octubre de 1856 los soldados, del Emperador abordaron el buque *Arrow*, cuyos propietarios eran chinos que se dedicaban a la piratería, y arrestaron a toda la tripulación. Pero como la nave estaba registrada en Hong Kong, y la isla había pasado a dominio británico, los ingleses se consideraron "ultrajados" por la requisa y prometieron tomar represalias.

En octubre del año siguiente, la armada del Reino Unido atacó Guangzhou, luego asaltó la ciudad de Cantón y, aliada con los franceses, ocupó Guangdong.

En mayo de 1858, los invasores habían avanzado hasta las inmediaciones de Tientsin y se disponían a asaltarla cuando China capituló.

Al mes siguiente, Inglaterra, Francia, Estados Unidos y Rusia obligaron al gobierno de Hsien Feng a firmar el Tratado de Tientsin, en el que los chinos se comprometían a pagar una enorme compensación económica a Inglaterra y a Francia por los costos de la guerra, permitían que se abrieran diez nuevos puertos para el "comercio libre", y autorizaban a los mercaderes extranjeros a viajar y comerciar libremente por todo el territorio chino. Además, el tratado autorizaba el asentamiento de embajadas extranjeras en Pekín.

Pero como China se negó –luego de haber firmado– a cumplir con este último punto, franceses y británicos retomaron una ofensiva militar que esta vez llegó hasta Pekín, donde incendiaron el Antiguo Palacio de Verano, obligando al Emperador a huir a Jehol.

Reseña el historiador Joaquín Toledo:

"Todos estos puntos y la ampliación de otros acápites fueron finiquitados en la famosa Convención de Pekín del 18 de octubre de 1860, por la cual se ponía punto final a las Guerras del Opio e Inglaterra obtenía por noventa y nueve años la soberanía de Hong Kong (recién fue devuelta en 1997), la apertura total del país al comercio extranjero, la legalización del comercio del opio y la preeminencia de los intereses ingleses en la zona. Luego del tratado, China se vio envuelta en una serie de problemas internos y externos".

A pesar de que el pequeño Tung Chih había sido designado como heredero del trono por el Emperador antes de morir, la posición política de Yehonala se había vuelto en extremo frágil tras la desaparición de Hsien Feng.

Una intriga

Empujada por su temperamento belicoso y por su acendrada xenofobia, Yehonala había sido la principal impulsora de ir a la guerra contra los "demonios extranjeros".

Por su intermedio, el grupo de los belicistas convenció al maltrecho Monarca de presentarle batalla a ingleses y franceses. Su propio primo y ex prometido de la emperatriz, Jung Lung, le había advertido de inconveniencia de medir armas con los europeos.

Es cierto que las exigencias de los extranjeros eran inadmisibles, y que probablemente la guerra se hubiese desatado igual; sin embargo, la inflexible postura de Yehonala no sólo había adelantado los tiempos, sino que había sido la responsable de que la huida del Emperador resultase poco menos que bochornosa, producto de haber resistido en la Ciudad Prohibida hasta que los asaltantes estuvieron a pocos kilómetros de Pekín.

Todo esto había encrespado los ánimos del Emperador en contra de la mujer que lo había embrujado la primera noche en que durmieron juntos. Por otra parte, su archienemigo, el general Su Shun y sus aliados se encargaron de entornar al desfalleciente Monarca y de envenenar su alma con información falsa sobre el comportamiento de Yehonala. Entre otras cosas, le habían confirmado a Hsien Feng que la emperatriz Tzu Shi mantenía un romance con su primo, cosa que al Emperador le costó bastante poco creer. Muchos en la Corte sabían del compromiso matrimonial que había debido romper Orquídea con Jung Lung, y todo hace suponer que en verdad la versión llegó también al Monarca.

Humillado y en permanente estado de sopor por las drogas y el alcohol, Hsien Feng pronto se negó a volver a recibir a su antigua favorita.

El 21 de agosto por la tarde, Su Shun y el resto de los príncipes que integraban su facción celebraron una reunión con el Emperador en sus habitaciones. Al anochecer, festejaron el triunfo: habían logrado convertirse en regentes del pequeño heredero. Ahora eran los nuevos gobernantes de China.

Buscando aliados

En la China imperial, y en especial en la dinastía manchú, ocupar la cima del poder era la única garantía de morir por causas naturales. El resto de los escalones jerárquicos no suponían seguridad alguna. Esto lo sabía Yehonala, tanto como que quien se calzaría, en los hechos, la corona de su esposo muerto era su principal enemigo. Su posición belicista respecto de la ocupación de las potencias extranjeras le había valido perder los favores del Emperador justo en el momento en que más los necesitaba. Debía encontrar en forma urgente otro modo de asumir la regencia de su hijo, o su suerte pendería de un hilo.

El mismo día en que el Hijo del Cielo cedió el Trono del Dragón a Su Shun y su círculo de ambiciosos príncipes, Orquídea supo que sólo podía contar con dos personas para intentar revertir la situación: su primo Jung Lung, del que en efecto seguía enamorada, tanto como él de ella, aunque ambos mantuviesen las formas dentro de la Corte, y el príncipe Kung, enemigo acérrimo del general y hasta el momento un aliado poderoso.

Respecto de su prima, Yehonala esperaba que, al menos, no se situara en la vereda de enfrente. Con eso le bastaba.

Debía, sin embargo, mover los hilos con rapidez antes de que el cadáver fuese trasladado a Pekín y el poder del grupo de Su Shun se afirmara.

Dice Keith Laidler:

"Quedaba, además de los guerreros de Jung Lu y el coraje inquebrantable de la concubina, un aliado más: los eunucos. Desde hacía mucho tiempo Yehonala se había ocupado de apaciguar y cautivar a los castrados [...] Utilizando como intermediario a su eunuco favorito, An Te-hai, envió en secreto a Jung Lu información sobre lo que sucedía en la Corte. Su ex prometido transmitió los detalles al aliado de la concubina, el príncipe Kung".

Mientras el Emperador moría en su palacio de Jehol, al otro lado de la Gran Muralla, el príncipe y hermano menor de Hsien Feng se hallaba en Pekín, como la única autoridad a cargo del Estado, negociado con los emisarios de Inglaterra y Francia algún tratado de paz, y observando con el más profundo dolor la quema del Antiguo Palacio de Verano, el mayor símbolo del poder del Hijo del Cielo.

El anillo ausente

Conocer exactamente las circunstancias en las que el emperador Hsien Feng firmó el documento en el que le concedía la regencia de su hijo a Su Shun y sus aliados es imposible. Tanto como asegurar que fue obra sólo de su enfermedad la muerte que sobrevino "tan convenientemente" (como sugiere Laidler) al día siguiente de haber firmado tal documento.

Existe, empero, un dato en favor de Yehonala que no puede ignorarse. En sus últimos días, el Emperador vivía embotado por el opio y las ceremonias orgiásticas que le preparaban sus adulones, en virtud de lo cual es muy improbable que haya estado en condiciones de decidir con libertad y pleno discernimiento sus acciones.

Pero a Su Shun y los dos príncipes que eran sus principales soportes en el Gran Consejo, Cheng e I, les aguardaba una sorpresa que pronto llegaría como un mazazo desde Pekín. Ésa era la carta que, secretamente, había jugado la, ahora, Emperatriz Viuda.

El mensaje que Jung Lung le hiciera llegar a Kung era que el testamento del Emperador en el que se nombraba a los nuevos regentes no llevaba el sello del anillo real, con lo que el edicto final se convertía en nulo.

Otra vez Laidler lo explica con precisión:

"El edicto debía concluir con un sello único (que poseía sólo el Emperador), que llevaba los ideogramas 'Autoridad Legalmente Transmitida'. Sin ese timbre de legalidad, las proclamaciones no tenían valor alguno. De manera extraña, el sello faltaba desde unos días antes de la muerte del Emperador".

Era obvio que, teniendo Yehonala el acceso prohibido a la recámara de su esposo desde el mismo momento en que la comitiva llegó a Jehol, sólo pudieron ser los eunucos quienes sacaron el anillo del dedo imperial. Al menos dos de ellos: An-te-hai, el jefe de los castrados con libre autorización de tránsito por las habitaciones reales, o Li Lien-ying, el masajista que se ocupaba de aliviar los terribles dolores de espalda y abdomen que la enfermedad le producía a Hsien Feng, y de tanto en tanto, satisfacer también sus necesidades sexuales. Nadie ignoraba, en Pekín, los gustos del Emperador en materia de sexo. Mucho menos los eunucos que lo complacían.

Desaparecido el anillo, el edicto firmado por el moribundo Monarca fue tajantemente impugnado por el príncipe Kung, quien en forma inmediata les informó al general y los dos príncipes que, dadas las circunstancias, la regencia del nuevo monarca debía recaer, tal cual prescribían las leyes, sobre las dos Emperatrices Viudas, Sakota y Yehonala.

Los memoriales que llegaban desde la Ciudad Prohibida, mientras en Jehol se preparaba el cuerpo semiputrefacto del monarca muerto, eran concluyentes, y para los integrantes del antiguo Gran Consejo suponían una peligrosa amenaza. Si las Emperatrices Viudas los acusaban de haber intentado arrebatarles el poder que legítimamente les correspondía, incurrirían en un delito que se castigaba con el descuartizamiento, una muerte horrenda porque el cuerpo de las víctimas se iba rebanando lentamente.

Pero los otrora poderosos consejeros volvieron a equivocarse. Creyeron que Yehonala asumiría una postura tan pasiva como la de Sakota y que, elevada al rango de corregente junto a su prima, no reclamaría la vida de quienes, envenenando el alma del Emperador, la habían humillado en el palacio del norte. Sabían que si las Emperatrices Viudas no los acusaban, Kung no forzaría una salida dramática para ellos. El príncipe podía ser un adversario inflexible, pero era honesto y justo.

El escarmiento

El 5 de octubre por la mañana, unas pocas horas antes de que partiera el cortejo fúnebre que transportaría el cuerpo amortajado del emperador muerto hasta Pekín, las dos primas Viudas partieron hacia la Ciudad Imperial, escoltadas por los soldados de Jung Lung, todos integrantes del clan Yeho-Nala.

El jefe militar había dispuesto que sus mejores guerreros custodiaran a las dos emperatrices, ante la perspectiva de que pudiesen resultar víctimas de alguna emboscada fatal en el camino. La ley que prescribía que las esposas debían recibir el cadáver del real marido ayudó para que las mujeres se marcharan de Jehol antes que los conspiradores.

El 1 de noviembre, cuando el cortejo entró en la Ciudad Imperial, la suerte del general y los dos príncipes ya estaba echada. Formalmente se los acusó de "indisculpable crimen de conjuración contra la soberanía legítima", por lo que el tribunal que habría de juzgarlos los condenaría a una muerte brutal.

Pero la corregente, que en la práctica comenzaba a ser quien de allí en más gobernaría China, decidió tener su primer gesto político que significaba, de muchas maneras, su primer acto de gobierno.

Cuenta Sebald:

"La modificación de esta sentencia en la autorización para ahorcarse por sí solos, que se les transmitió a los reos de alta traición en forma de una soga de seda, estaba considerada como un signo de benevolencia condescendiente del nuevo régimen".

Cambiar el descuartizamiento por el ahorcamiento implementado por los propios condenados suponía, efectivamente, un gesto de benevolencia que Yehonala había madurado bien.

Su resentimiento contra Su Shun era enorme, pero ahora necesitaba actuar como una verdadera emperatriz y demostrarles tanto a su pueblo como a sus enemigos lo magnánima que podía ser como gobernante.

Su generosidad, sin embargo, tenía límites. Los príncipes podían ahorcarse por sus propios medios, pero al general se lo condenó a la decapitación. La muerte era, así, rápida pero el camino hacia el otro mundo sería denigrante. En China se acostumbraba cocer la cabeza al cuerpo de quienes morían decapitados para que el muerto llegase "entero" al reino celestial. Su Shun no tendría esa suerte. Yehonala ordenó que la testa del general fuese expuesta ante los ojos de todos para que se comprendiera cabalmente cuál era el destino de los traidores.

Asir las riendas

La primera decisión política de Tzu Shi (la Emperatriz del Oeste) fue asignarle a Kung el cargo de Príncipe Consejero. No era mucho para el hermano menor del monarca muerto que, en verdad, se consideraba con la legitimidad suficiente como para haber sido él el heredero del trono; pero al menos, creía el príncipe, gobernaría el reino hasta que el pequeño Tung Chih tuviese edad suficiente como para sentarse en el Trono del Dragón. No eran ésos los planes de Yehonala, y pronto las controversias se volverían evidentes.

La segunda cuestión que preocupaba a la corregente tenía que ver con el avance militar y político de la insurgencia. Hasta el momento, ningún general había logrado victorias significativas sobre los rebeldes Taiping, y si la marcha del conflicto continuaba por dichos senderos, Pekín sería la próxima estación del ejército cristiano.

La rebelión no sólo suponía una amenaza militar para el poder real, también afectaba la economía. Los impuestos cada vez más altos que debían pagar los campesinos, artesanos y comerciantes para sostener la guerra, sumados a las malas cosechas, creaban un estado de inquietud popular que preocupa a Yehonala.

Acompañada por su hijo, la Emperatriz del Oeste debía asistir cada mañana al Salón de Audiencias de la Corte, en donde se discutían y se trataban los problemas del Reino. Sus días, entonces, comenzaron a transformarse en extensas jornadas que concluían recién a medianoche, luego de leer el fárrago de documentos en los que se consignaban las dificultades y los problemas que debían resolverse a la mañana siguiente.

Para Yehonala, sólo la presencia de su eunuco favorito era un bálsamo de serenidad. An-te-hai era un joven sensible, culto y dotado de una enorme pericia política. Conocía a la perfección la obra de Confucio, sobre cuyos pensamientos se basaba casi toda la cultura china; disfrutaba de la buena música y, antes que todo, era un experto en intrigas palaciegas.

Muy pronto An-te-hai se convertiría en su asesor, su confidente y su paño de lágrimas. Hasta el punto en que la maquinaria del rumor dentro de la Ciudad Prohibida le asignaba al castrado la condición de amante de la Emperatriz Viuda.

Un amor inconveniente

La verdad, en cambio, corría por otro lado. Yehonala seguía enamorada de su primo, el apuesto Jung Lung, pero el comandante militar ponía toda la distancia posible entre su cuerpo y el de Tzu Shi.

En su excelente novela sobre la Emperatriz, la escritora china Anchee Min narra así, en primera persona, uno de los encuentros entre el jefe militar y Yehonala:

"La mente se me aceleraba mientras me sentaba junto a mi amor. No podía olvidar lo que había sucedido cuatro años atrás, cuando los dos compartimos nuestro único momento privado, dentro de la tumba de Hsien Feng. Anhelaba saber si Yung Lu recordaba ese momento tanto como yo [...] Como viuda del emperador Hsien Feng, yo no tenía futuro con ningún hombre. Sin embargo, mi corazón se negaba a permanecer en su tumba".

El apuesto militar sabía perfectamente cuáles serían las consecuencias de un desliz, tanto para él como para la Emperatriz, y aunque también amaba a la bella Orquídea, cuidaba las formas de modo terminante. Su rango de comandante militar de los ejércitos chinos, que lo obligaba a viajar de un extremo al otro del país, le facilitaba la tarea.

Agrega Anchee Min, poniéndose en la piel de Yehonala:

"Las frecuentes ausencias de Yung Lu hacían mi deseo más llevadero. Sólo con su regreso me daba cuenta de lo profundos que eran mis sentimientos [...] Al margen de las audiencias, Yung Lu me evitaba. Era su manera de protegerme contra rumores y murmuraciones. Siempre que yo expresaba el deseo de verlo en privado, él declinaba. Aun así yo seguía enviando a An-te-hai. Quería que Yung Lu supiera que el eunuco estaba dispuesto a conducirle por la puerta trasera del salón de audiencias hasta mi cámara".

La amenaza cristiana

Hacia 1863 el avance y la organización de los Taiping comenzaron a transformarse en un problema verdaderamente grave para la Corte manchú. Los rebeldes estaban construyendo un reino paralelo, que se asentaba en varias ciudades y que tenía a Nankín, la capital septentrional del Imperio, como base de operaciones.

El converso cristiano Hong Xiuquan se había proclamado a sí mismo Rey Celestial y, desde Nankín, rodeado de concubinas y oropeles, comandaba su "reino" como si fuese un nuevo Hijo del Cielo. En pocos años, su ascetismo, sus arengas a favor de la monogamia, la igualdad de sexos y los principios cristianos se habían escurrido hacia el mismo confucionismo que tanto criticaba. Rodeado por generales que, al igual que Hong, habían sido proclamados reyes de las distintas regiones que dominaban, la insurgencia marchaba hacia la misma corrupción e inoperancia que el gobierno central, pese a que aún no habían podido ser aprovechadas esas fisuras. Hong seguía ejerciendo un poderoso magnetismo sobre sus seguidores, en especial sobre los guerreros, en virtud de las novedosas y modernas consignas que enarbolara al comenzar el levantamiento.

Los Taiping proclamaban el fin de la propiedad privada, la muerte de la sociedad de clases y la igualdad entre hombres y mujeres, a tal punto que una gran cantidad de jóvenes muchachas integraban los ejércitos rebeldes.

También habían prohibido el consumo de opio, alcohol y tabaco, y penaban duramente la prostitución, al igual que la esclavitud.

Desde el punto de vista religioso, como dijimos, la insurgencia se proclamaba cristiana, aunque el modo de vida de sus líderes ya tenía poco que ver con el de Jesús.

Se ha dicho, y con justa razón, que si Hong y sus generales se hubiesen mantenido fieles a los principios enarbolados por el converso cuando la insurrección comenzó, el Trono del Dragón se hubiese derrumbado inexorablemente. A mediados del siglo XIX, China vivía sumergida en un modo de organización social y regida por una cultura y una tradición que poco tenían que ver con el rumbo en que marchaba el resto del mundo. Los Taiping, en cambio, caminaban en una dirección más adecuada; incluso, postulaban una suerte de comunismo primitivo que no dejaba de ser novedoso para la época.

Pero el poder, la riqueza y los lujos pueden corromper al alma más pura. Y aunque Hong Xiuquan no encajaba dentro de esta última categoría, su programa político a punto estuvo de conducirlo hacia la cima del poder en China.

A diferencia de la inexplicable incomprensión que el hecho suscitaba en la Corte, para Yehonala la situación era alarmante. Si no se derrotaba a los Taiping en su propio terreno, la suerte del Reino estaría echada. Y a pesar del odio visceral que la Emperatriz sentía por los "demonios extranjeros", calculaba que esta vez sí podría contar con ellos como aliados. Para los occidentales, un triunfo rebelde haría peligrar todos los lucrativos negocios que habían logrado edificar en el enorme Reino asiático.

Armas y decisión

Tseng Kuo-fan era un general de la etnia Han (habitualmente vetada de los puestos públicos) que ya desde muy joven se había mostrado como un militar brillante. En su currículum figuraba, entre otros méritos, el de haber aprobado los exámenes para acceder a la función con el puntaje más alto que se podía obtener, cuando tenía apenas veintisiete años de edad. Ya era por entonces considerado uno de los jóvenes más promisorios del Reino.

Más tarde, la pericia militar de Tseng lo condujo rápidamente al generalato, pese a su condición de Han, y en 1860 sus ejércitos habían sido los únicos capaces de enfrentar con éxito a la insurgencia en el norte del país.

Estratega brillante, sin aspiraciones de riquezas excesivas y venerado por sus tropas por el sentido de justicia y la humildad con que las comandaba, el general nacido en Hunan, que a la sazón contaba ya con cincuenta y dos años, era a los perspicaces ojos de la Emperatriz Viuda el hombre que podía acabar definitivamente con los rebeldes.

El día en que Yehonala lo convocó a una audiencia privada para ofrecerle la gobernación de las provincias de Anhwei, Jiangsu y Jiang-hsi, lo que lo transformaría en el hombre más poderoso de China por debajo del Emperador y del príncipe Kung, el general rechazó el cargo.

La sorpresa de la corregente fue casi tan grande como la de la Corte, a la que le resultaba imposible creer que un Han estuviese a punto de transformarse en el gobernador de más alto rango del Imperio.

Pero Orquídea no era de las que se amilanaban ante una negativa. Volvió a la carga y cuando el general le explicó que tamaño poder le quitaría autoridad frente a sus hombres, a los que él había acostumbrado a que lo viesen como un igual, y que, además, temía que las intrigas palaciegas lo acusasen de corrupción o de abuso de autoridad y lo mandasen al cadalso, la Emperatriz barrió con sus objeciones.

Le prometió apoyo incondicional e irrestricto a su gestión militar y administrativa, tanto como a él mismo, y respecto del vínculo con su tropa le aclaró que todo dependía de él. Si mantenía la misma conducta que hasta el momento, no había rango, por más alto que fuese, que le hiciese perder el respeto de sus subordinados.

Sin estar demasiado convencido, Tseng Kuo-fan aceptó. No resultaba sencillo negarse a los pedidos de la bella Emperatriz del Oeste, que ya se había convertido en una gobernante sutil, pero autoritaria.

La decisión que aquel día tomó Yehonala contra viento y marea terminó de confirmarla como el político más sagaz del Imperio.

Los sucesivos triunfos del general Han, y la derrota casi total de los rebeldes en el curso del año siguiente, convirtieron a la Emperatriz en la Vieja Buda, tal cual comenzó a ser llamada por el pueblo y por los príncipes de la Corte.

Sólo ella había sido capaz de vislumbrar que, aun con el apoyo extranjero, Tseng Kuo-fan era el único estratega militar de China capaz de barrer a los bravos ejércitos de Hong Xiuquan.

En 1868, los rebeldes Taiping no eran más que un mal recuerdo para los funcionarios del Imperio.

No dejar la silla

La derrota infligida a los rebeldes que al cabo de más de una década de confrontación había dejado un saldo de veinte millones de muertos transformó a la Emperatriz del Oeste en una suerte de mito viviente. Pocos creían que los Taiping pudiesen ser derrotados, pero la pericia militar de Tseng, que perdió uno de sus ojos en la larga expedición sobre las provincias insurgentes, tanto como el decidido apoyo político brindado por Yehonala, habían logrado la hazaña.

La joven Emperatriz Viuda era, efectivamente, un verdadero prócer para su pueblo, pero aún no concentraba el poder absoluto. El príncipe Kung seguía creyendo –pese a las evidencias en contra– que las dos mujeres no debían ser más que figuras decorativas en lo atinente a las cuestiones de Estado. Orquídea no pensaba lo mismo y había llegado el momento de demostrárselo.

Es difícil saber cuál era la maniobra imaginada por la ex concubina para subordinar al príncipe, porque la providencia le sirvió la ocasión en bandeja.

En las audiencias que cada mañana celebraba la Corte, y a las que asistía el emperador en persona, estaba terminantemente prohibido que cualquiera de los asistentes se levantara de su asiento antes de que el Hijo del Cielo hubiese abandonado la sala.

La severa restricción estaba vinculada con la seguridad del monarca. Quien se alzara en su silla podía tener la intención, o al menos la posibilidad, de asesinar al emperador, por lo cual, dicho gesto podía acarrear las peores consecuencias para el desobediente.

Escribe Keith Laidler:

"Durante uno de sus habituales debates con el Emperador y las dos Emperatrices Viudas, el príncipe Kung se puso de pie antes de que concluyera la audiencia [...] Quizás lo hizo por distracción, o en la creencia de que su lealtad indudable le permitía privilegios que a otros se negaban, pero Yehonala vio su oportunidad y la aprovechó".

En efecto, la madre del Hijo de Cielo ordenó a los gritos que los guardias arrestaran al "atacante", y la suerte de Kung quedó sellada. Transformado en un instante en potencial enemigo del emperador, incluso en posible asesino, el príncipe fue despojado de todos sus cargos y títulos y arrojado al ostracismo.

Un transitorio pacto

Nadie, empero, creía que de verdad el hermano del emperador muerto hubiese tenido alguna intención de asesinar a su sobrino. La actitud de la corregente estaba amparada por las leyes, aunque ir a fondo con sus consecuencias podía ser políticamente nocivo. Y surgía una nueva posibilidad de mostrarse ante su pueblo como una gobernante magnánima y justa. Eso haría.

Por el momento, Yehonala no deseaba sacar de carrera a Kung, pero estaba dispuesta a no tolerar competencia alguna en el manejo de los asuntos del Estado. Así le explicó a Sakota (la Emperatriz del Este) la conveniencia de perdonar al príncipe, aunque privándolo de su rango. A ésta le abrumaban las funciones de corregente en todo lo que tuviese que ver con la administración del reino y dejaba que fuese su prima la que se ocupase de tan "incómoda" tarea.

Un nuevo edicto del Emperador informó que su majestad perdonaba al príncipe, le devolvía un asiento en el Gran Consejo, tanto como sus títulos, pero ya no volvería a ostentar el rango de Príncipe Consejero.

Muchos en la Corte se desilusionaron con la jugada de Yehonala. Kung tenía enemigos internos que hacía rato fantaseaban con la caída del príncipe e imaginaron que sus deseos estaban cumplidos cuando lo vieron arrastrado por los guardias fuera de la sala de audiencias.

Para la ex concubina, en cambio, el objetivo de aquella sonora puesta en escena era otro. Pretendía hacerle saber a su viejo aliado que no le resultaría provechoso disputarle el poder. Por eso, un par de días después de la degradación, Yehonala le pidió a su primo Jung Lung, amigo de Kung, que se entrevistara con él y le ofreciese un pacto: si el príncipe aceptaba ofrecer disculpas públicas, ella estaba dispuesta a devolverlo a la Corte con casi todos sus cargos. Y agregó un elemento adicional a la propuesta. Luego de las disculpas lo autorizaría a tener su Academia de Ciencias Matemáticas, una vieja y siempre relegada aspiración de su cuñado.

Jung Lung regresó con la respuesta positiva del príncipe, que por cierto tenía pocas opciones a la vista. Pero el cuñado de la ex concubina nunca perdonó a Yehonala.

Capítulo IV
El hijo de dos madres

*E*l 27 de abril de 1871, Tung Chih cumplió quince años. Todos los esfuerzos hechos por Yehonala para convertir a su hijo en un digno ocupante del Trono del Dragón habían tenido resultados parciales.

Educado por dos madres, Tung se sentía apremiado por las exigencias de Orquídea. En cambio, Sakota mostraba una marcada tendencia a consentir casi todos los pedidos del muchacho. Tung Chih no se sentía capaz de desafiar a Yehonala, al menos en esos años, pero un sentimiento de rechazo hacia su madre biológica crecía en el alma del adolescente Monarca. No había sido sencilla la infancia de quien debía asistir cada mañana a una sala de audiencias en la que se decían cosas que poco tenían que ver con los intereses de un niño, y poco con su comprensión.

Por otra parte, la ausencia de compañeros de juego y las agobiantes normas de protocolo que se veía obligado a respetar el niño no favorecían la posibilidad de transitar con alegría esos primeros años.

La adolescencia llegó además con otras urgencias, y pronto la madre biológica comprobó de cuántas múltiples maneras se podían violar sus órdenes en un ambiente tan cargado de apariencias, disimulos, intereses mezquinos e hipocresía.

Algunos días antes del cumpleaños del Hijo del Cielo, Yehonala se enteró de que Tung había contraído una enfermedad venérea, inexplicable en el ambiente en el que, ella suponía, se movía el muchacho. Cuando lo supo, uno de sus peores temores afloró de repente: si Tung Chih decidía transitar la disoluta senda que había caminado su padre, el destino y el final que le aguardaban serían similares.

La sombra del padre

Enfurecida, interpeló a An-te-hai, quien le había traído la noticia, y obtuvo la respuesta que no quería escuchar, pero imaginaba. Hacía tiempo que Su Majestad, con ayuda de los eunucos y de su único amigo, Tsai-chen, hijo del príncipe Kung, cruzaba los muros de la Ciudad Prohibida y recalaba en los prostíbulos de Pekín, disfrazado.

El jovencito, digno émulo de su padre, no hacía diferencia entre hombres y mujeres a la hora de retozar sexualmente. Pero más grave aún era que, para no ser reconocido, Tung visitaba los burdeles del bajo fondo de la capital, no aquellos a los que asistían los nobles.

Eran tiempos en que las infecciones venéreas no sólo solían dejar importantes secuelas en quienes las contraían sino que, incluso, conducían a la muerte.

Narra en clave de ficción y en primera persona Anchee Min:

"De pie, delante de mí, Tung Chih parecía haber salido de una alberca. El sudor perlaba su frente. Constantemente se secaba la cara y el cuello con un pañuelo. Tenía la tez llena de manchas y la mandíbula de granos".

Tras el interrogatorio, en el que Tung debió admitir sus visitas prostibularias, el médico de la Corte, Sun Pao-tien, examinó al muchacho. Dice, entonces, la novelista china:

"Pasaron días hasta que Sun Pao-tien anunció lo que había descubierto, y yo sabía que me rompería el corazón".

El Emperador había contraído sífilis. Estaba próximo a la mayoría de edad, que en China se daba a los dieciséis años; debía asumir el pleno control del Imperio, libre de regencias, pero ya la muerte le pisaba los talones.

Yehonala sabía que poco podía hacer frente al avance de la enfermedad venérea contraída por su hijo, como no fuera confiar ciegamente en la pericia del viejo médico de la Corte. Pero sí podía, en cambio, ponerle un límite a esa vida disipada: era preciso buscarle una esposa y comenzar a entregarle, aunque sea en forma lenta, el timón del Trono del Dragón.

Con o contra Occidente

Se avecinaba una nueva disputa, ahora con su prima y Emperatriz del Este. La elección de una esposa para su hijo era una delicada cuestión de Estado y Orquídea presentía que en esta tarea Sakota no la dejaría actuar libremente. Así fue.

Mientras se procedía a la selección de las muchachas que serían presentadas a la consideración del Emperador y la Emperatrices Viudas, Yehonala debió decidir respecto de quién debía ser el hombre que instruyese a Tung Chih en lo referente a política internacional. El Reino se hallaba en una posición sumamente delicada en su relación de fuerzas con las potencias extranjeras, y el joven Emperador, ahora más que nunca, debía tener una pericia diplomática que no había sido necesaria para su antecesores.

Kung y sus aliados creían que un tutor británico era lo que más convenía al Monarca adolescente. El príncipe lideraba el sector reformista que, en la Corte, postulaba la modernización administrativa, política y diplomática de un reino que ya había comprobado su propia debilidad frente a Occidente.

Yehonala, en cambio, coincidía con los consejeros más conservadores y xenófobos que seguían alimentando la esperanza de que, en algún momento, los súbditos del Hijo del Cielo vengaran las tropelías infringidas al Reino por los "demonios extranjeros".

Kung no estaba en condiciones de forzar una disputa más aguerrida, y cuando las Emperatrices Viudas decidieron que sería un tutor manchú quien aconsejara al Emperador, la cuestión quedó saldada de la peor manera posible.

China había quedado petrificada en el pasado y resultaban indispensables reformas de todo tipo. Inglaterra y Francia habían logrado someterla militarmente sólo porque el armamento imperial tenía un atraso de más de cincuenta años, y no porque los ejércitos occidentales hubiesen sido más numerosos o más valientes.

Tampoco la cerrada resistencia manchú a utilizar el comercio como forma de ingreso genuino para el país ayudaba a una economía excesivamente dependiente de la agricultura, la que colapsaba cuando las sequías o las lluvias intensas destruían las cosechas.

Yehonala era inteligente, hábil para dirimir intrigas cortesanas y dueña de un temperamento avasallador, pero carecía de la visión estratégica que debe tener un estadista. Su acendrada xenofobia sería una de las causas importantes que contribuirían a la decadencia de un reino con miles de años de historia, y con enormes contribuciones al progreso de la humanidad.

El pago de viejas deudas

A mediados de 1872 comenzó el proceso de selección de la futura esposa del Emperador. Miles de bellas muchachas, procedentes de diferentes lugares del país, serían examinadas por Sakota, Yehonala y, contra todas las tradiciones, por el propio Tung Chih. A pesar de que los emperadores no estaban autorizados a elegir a su esposa, sino tan sólo a sus concubinas, el Monarca adolescente obtuvo la venia para participar, él también, como seleccionador.

Luego del tedioso desfile, y a pesar de que Yehonala se había inclinado por Foo-chan, hija de un gobernador y dueña de una excelente formación cultural, tanto Sakota como Tung decidieron que sería Alute la futura emperatriz.

Dotada de una llamativa y rara belleza, producto de su origen mongol, la muchacha era hija de un alto funcionario ligado por vía indirecta al padre de Tung, el emperador muerto Hsien Feng. Ella sería, entonces, la que luego de darle un hijo varón al joven Monarca completaría el cenáculo del poder que pasaría a "cuarteles de invierno" a la Emperatriz del Oeste. Sakota, en cambio, seguiría ostentando el rango de viuda legítima del emperador muerto.

No era la mejor elección, creía Yehonala, pero esta vez su prima había hecho prevalecer su autoridad y el afecto que por ella sentía el disoluto Tung.

Para los consejeros de la Corte, que también debían aprobar la elección, no hubo objeciones. Alute era inmensamente bella y además era mongol, lo que políticamente tenía sus ventajas.

Preparar la boda del joven Monarca fue una tarea que las dos Emperatrices asumieron con entusiasmo. Aunque las intrigas cortesanas continuaban su marcha y le preparaban un artero golpe a la Emperatriz del Oeste.

No es sencillo comprender por qué Yehonala adoptó semejante decisión, pero lo cierto que es que dejó en manos de su favorito An-te-hai la tarea de comprar los vestidos y las telas que se utilizarían en la ceremonia.

Para cumplir la misión era preciso salir de la Ciudad Prohibida y los eunucos tenían estrictamente prohibido cruzar los muros de la ciudad; la violación a la norma podía pagarse con la vida.

En el mismo momento en que An-te-hai se embarcó con seis de sus asistentes (eunucos también) y toda la pompa, el príncipe Kung supo que la providencia (o su plan) le había regalado la posibilidad de tomar revancha contra su cuñada.

Subrepticiamente llegó hasta las manos de Sakota un edicto en el que se autorizaba ejecutar en forma sumaria al eunuco rebelde por haber violado una ley imperial. Kung le pidió a la Emperatriz del Este que lo firmara y lo legalizara con su sello. Sakota aceptó.

El documento fue enviado por un emisario a Tian Paochen, gobernador de la provincia de Shantung, por donde en ese momento pasaba la barcaza que conducía a An-te-hai y su comitiva, y el funcionario no dudó en decapitar al eunuco jefe y a sus asistentes, menos a uno que logró escapar.

Para Yehonala aquello fue un golpe brutal. Sabía quiénes eran los responsables de la maniobra, pero no podía hacer más que llorar la pérdida. La ley era taxativa y si bien un juicio en Pekín pudo haber salvado la cabeza del eunuco, la medida adoptada por Tian resultaba incuestionable.

Llega otra rival

La Emperatriz había perdido a su aliado más valioso. Pero eso no era todo: también se había quebrado el inestable equilibrio vincular que mantenía con su prima.

Li Lieng-ying, el masajista que aliviaba los dolores de Hsien Feng y que, acaso, le sustrajera el anillo al monarca moribundo, reemplazaría a su querido aliado, pero para Yehonala eso no resultaba igual.

An-te-hai, que apenas contaba treinta años el día en que fue decapitado, había sido, además de su sirviente, su maestro y su cómplice. Él consolaba las angustias de la Emperatriz cuando las intrigas cortesanas la agobiaban, y él había sido un consejero sabio, prudente y sumamente perspicaz.

Varios historiadores han sugerido que, en realidad, el eunuco jefe no era un castrado y que había podido conservar el secreto y por supuesto la vida merced a la buena voluntad de Yehonala. No parece verosímil. El rumor corría en la Corte y es de suponer que una vez ajusticiado, alguien debe haber tenido la orden de comprobar si sus genitales estaban o no en su lugar. Si se hubiese confirmado que su virilidad seguía intacta, la noticia se habría dado a conocer con bombos y platillos para aumentar la humillación de la Emperatriz del Oeste.

Con la herida todavía abierta por la pérdida de su favorito, la poderosa Tzu Shi asistió a la boda de su hijo. El día de la elección de la esposa, el Emperador había escogido también a cuatro concubinas; la principal era Foo-cha, pero por lo que podía ver Yehonala, las muchachas deberían esperar mucho tiempo el momento de conocer la recámara imperial.

El joven Emperador se mostraba fascinado con Alute, su flamante consorte, y es posible que Orquídea recordase aquellos primeros tiempos junto a Hsien Feng, cuando el Emperador la buscaba día y noche.

Alute era decididamente hermosa, aunque esa apariencia de muchacha tímida, callada y de pocas luces que dejó flotando el día de la selección no parecía corresponderse con la realidad.

Dentro de los márgenes que toleraba el protocolo, la joven mongol lucía vivaracha, conversadora y bastante bien plantada. Los dos años de diferencia que le llevaba al Emperador pesaban, sin lugar a dudas, en la madurez de Alute.

Muy pronto Yehonala comprobaría que lo que creyó percibir durante la boda era, apenas, una parte de la personalidad avasallante de la muchacha. Pronto, también, su hijo comenzaría a marcar con determinación los escasos márgenes de poder que le dejaría a la, hasta entonces, todopoderosa Emperatriz del Oeste.

Capítulo V
Nada escapa a un ojo atento

Cuando los astrólogos determinaron que el día 23 de febrero de 1873 era el indicado para que el Emperador se calzase oficialmente la corona, porque las estrellas se alineaban favorablemente, Tung Chih ya había asumido, en los hechos, el comando del timón imperial. Coronar formalmente a un nuevo emperador era un proceso largo que podía insumir hasta tres meses, y, por lo general, el inicio de dicha ceremonia la pautaban los astrólogos de la Corte. Para Yehonala, que a la sazón tenía treinta y ocho años, y más allá de aquella formal ceremonia, los cambios comenzaron a ser notorios muy rápidamente, apenas unos pocos días después de la boda.

Alute era una muchacha ambiciosa que sabía valerse de sus encantos para influir sobre el comportamiento de Tung, y no parecía descabellado que estuviese actuando en consonancia con los intereses del príncipe Kung y sus aliados. El joven Emperador consultaba cada vez menos a su madre y, cuando lo hacía, solía no actuar según sus sugerencias.

Poco a poco, la Emperatriz del Oeste fue perdiendo acceso a los documentos reales, tanto como a la preparación y los resultados de las audiencias que el Monarca les fue concediendo a los representantes de las potencias extranjeras que las solicitaron.

Yuan Ming Yuan ("el jardín del brillo perfecto") era el Antiguo Palacio de Verano de los emperadores chinos que los generales británicos habían decidido quemar, previo saqueo, al concluir la Segunda Guerra del Opio. Restaurar lo que, trece años después de la quema, se había convertido ya en una verdadera ruina parecía un disparate. Sin embargo, una tarde, Yehonala se enteró por boca de su propio hijo que varios acaudalados nobles de la Corte, entre ellos el príncipe Kung, habían decidido aportar el dinero necesario para que comenzaran las obras de reconstrucción. El objetivo, según Tung le informó a su madre, era que ambas Emperatrices Viudas se trasladasen a dicho palacio, situado a 8 kilómetros de la muralla de la Ciudad Imperial.

La novedad no hacía más que confirmar lo que Tzu Shi estaba sospechando: la fracción reformista de la Corte operaba sobre el Monarca adolescente para quitar del medio a Yehonala y, con ella, a los conservadores que detentaban el poder desde la muerte de Hsien Feng.

La mala noticia, sin embargo, no era perder el gobierno de China, sino las consecuencias que dicha pérdida habrían de acarrearle a la ex concubina. Ni Kung ni ninguno de los nobles que habían sido humillados por la Emperatriz Viuda dejarían pasar la oportunidad de saldar semejante deuda, y Yehonala supo que su propia vida corría peligro. Pero cuando las formas son más importantes que el fondo, las mejores y las peores intenciones suelen escurrirse en una canaleta. Éste era uno de los tantos motivos que explicaban el atraso chino.

Ocurrió, entonces, lo que debía ocurrir.

No es ella la que parte

El comienzo de una obra fastuosa decidida por los mismos hombres que exprimían los bolsillos del pueblo con impuestos cada vez más altos generó una ola de irritación entre el campesinado, los mercaderes y los artesanos, que pronto fue alzada como bandera por los conservadores de la Corte, quienes reclamaron que se detuviera el despilfarro.

Por añadidura, el análisis de los gastos efectuados en los trabajos iniciales arrojó enormes diferencias entre lo invertido y lo edificado, quedando a las claras que se había producido una flagrante malversación de fondos.

Así, esos nobles que tenían como objetivo alejar a la ex concubina no sólo del gobierno, sino de las proximidades del Emperador, acabaron chapaleando en un lodazal político y financiero que se devoró el poco tiempo del que disponían para mandar al ostracismo a Yehonala.

Ni siquiera pudieron sacar partido de que el imaginario colectivo le asignaba a la Emperatriz del Oeste la autoría intelectual del proyecto. El pueblo suponía que la Corte se había embarcado en semejante obra sólo para satisfacer los caprichos de la Vieja Buda.

La irritación popular llegó al punto en que varios hombres de la Corte temieron una sublevación al estilo Taiping.

Por eso, al promediar el año 1874, el propio príncipe Kung se entrevistó con Tung Chih para rogarle que suspendiera el proyecto.

Después de una serie de cabildeos que duraron varias semanas, el Emperador aceptó ponerle fin a la obra.

El tiempo, empero, se había escurrido sin remedio entre las manos de los reformistas. La sífilis, que venía mostrando sus garras desde un par de años atrás, lanzó el primero de sus zarpazos mortales.

Su joven Alteza fue presa de una fiebre que lo hundió en su lecho por más de un mes. Se informó que se trataba de un resfriado, y hasta Yehonala lo creyó. Sun Pao-tie, que ya había detectado a la bestia en el cuerpo real, no tuvo oportunidad de comunicarlo, porque la Corte le negó una audiencia con la madre del Monarca. También le negaron al médico la solicitud de que se consultara a facultativos occidentales, mejor provistos de conocimientos y técnicas para tratar las infecciones.

De cualquier modo, la dolencia ya había llegado a su fase terciaria, y es muy improbable que la interconsulta hubiese arrojado las soluciones que Sun no poseía. El tratamiento con mercurio, que por entonces practicaban los médicos europeos –y que más de una vez intoxicaba mortalmente al paciente–, sólo tenía algunas posibilidades de éxito en las dos primeras fases de la enfermedad; fundamentalmente, en la primera.

A mediados de diciembre Tung Chih volvió a ser presa de la fiebre. Tenía erupciones rosáceas en casi todo el cuerpo, y se informó que, "afortunadamente", el Monarca había contraído viruela, una enfermedad considerada de buen augurio, pese a que la única fortuna a la que podía aspirar un paciente era continuar con vida.

Una semana más tarde, la fiebre cedió y las manchas parecieron comenzar a retirarse. Los festejos cortesanos por la recuperación del Hijo del Cielo no engañaron, sin embargo, al viejo Sun, que conocía de sobra las danzas y contradanzas de la letal enfermedad.

Efectivamente, el 30 de diciembre la fiebre regresó para quedarse. Era el último zarpazo de la sífilis.

Al atardecer del 13 de enero de 1875, Tung Chih partió hacia el verdadero Reino de los Cielos. Tenía apenas diecinueve años y es posible que hubiese estado en sus manos las posibilidad de iniciar el camino de las reformas que China tanto necesitaba. Jamás se sabrá.

Otra joven muerte

La prematura muerte del joven emperador chino desató las más variadas especulaciones, no sólo entonces entre funcionarios y cronistas de la época, sino aun entre los historiadores contemporáneos. Muchos se inclinaron por la teoría de que fue la propia Yehonala quien permitió que la enfermedad avanzase, sin que su hijo recibiera una adecuada atención médica.

Otros le adjudican a los conservadores la tarea de haber envenenado o contagiado deliberadamente de viruela al Monarca.

En aquellos tiempos, en la atrasada Corte china y con la cantidad de personas que rodeaban al Emperador, las posibilidades de acabar con la vida del soberano eran muchas.

Sea como fuere, lo cierto es que Tzu Shi regresaba al gobierno, al menos hasta que un nuevo Hijo del Cielo fuese ungido como tal. Antes, se mantuvo junto al ataúd hasta que fue cerrado. No debió ser un buen espectáculo ver al Emperador tan estragado. Según recrea la novelista china los síntomas de la ultrajante enfermedad:

"Tenía la boca y las encías llenas de llagas, tantas, que no podía tragar. No quedaba un solo trozo de su piel sin infectar. Le habían salido pústulas entre los dedos de las manos y los pies rezumaban pus [...] Sus manos y sus pies parecían raíces de jengibre".

La temprana muerte de Tung abrió un problema difícil de resolver, no sólo para esa Corte, sino para cualquier sistema monárquico. Sin descendencia de ningún tipo, ni varón ni mujer, el trono pasa en esos casos a ser un trofeo que se disputa con las armas que se tenga a mano; y éstas no siempre son las mejores.

Al día siguiente de la desaparición del Hijo del Cielo de este mundo, la Corte, con Yehonala a la cabeza, comenzó la audiencia, llevada a cabo en el salón de la Nutrición de la Mente, en la que debía decidirse quién ascendería al Trono del Dragón. Alute estaba embarazada y apenas en un par de meses el fruto de su vientre vería la luz. Si alumbraba un hijo varón, ése sería el legítimo heredero del Emperador, pero ¿cómo saber si así ocurrirían las cosas? La criatura podía ser una mujer, o incluso ser un varón, pero nacer muerto.

Podía ocultarse la muerte del Emperador durante el tiempo de gestación que faltaba y decidir luego. Pero ¿cuál sería la reacción del pueblo si la información filtraba los muros de la Ciudad Prohibida?

Un trono vacante era una enorme tentación para alentar cualquier tipo de insurgencia, ya que no se estaba desafiando al más poderoso y celestial hombre que existía sobre la tierra: el Hijo del Cielo. El debate lucía difícil de zanjar, pero la Providencia, o algo más terrenal, resolvió el primero de los conflictos: dos días después de la muerte del Emperador, Alute se suicidó en su habitación ingiriendo una dosis letal de veneno. Las versiones posteriores sobre la decisión de la muchacha son contradictorias y, por supuesto, interesadas. Se dice que fue la propia Yehonala la que indujo a la muchacha a marcharse de este mundo detrás de su marido, para no terminar envejeciendo en un rincón olvidado de un palacio, en el caso en que no diera a luz a un hijo varón.

Otros afirman que la bella esposa mongol fue asesinada por orden de la Emperatriz del Oeste, o del príncipe Kung, quien aspiraba a suceder a su sobrino por su directo vínculo de sangre con Hsien Feng.

Por fin, están quienes sostienen que Alute prefirió la muerte a tener que convivir con su suegra, a la que había enfrentado abiertamente en vida de Tung. Sin la protección del Emperador, y en caso de parir a una niña, la joven imaginó que Yehonala le haría pagar dolorosamente cada desplante infringido por ella a la Emperatriz Viuda.

Más allá de las especulaciones, la repentina muerte de Alute redujo la situación a sólo una alternativa: el poder sería para Kung o para la ambiciosa Yehonala.

El jaque mate de la Vieja Buda

En la danza de las formalidades, tan caras a los manchúes, los candidatos al trono eran tres: Pu Lun, nieto del príncipe Ts'eng, que era a su vez el hijo mayor del legendario emperador Tao Kwang; Tsai-chen, hijo mayor del príncipe

Kung, y por último, Tsai Tien, hijo del hermano menor del emperador recientemente fallecido y de la hermana de Yehonala.

Nadie ignoraba que las posibilidades del primer candidato eran remotísimas, pero fue Tzu Shi, la bravía Orquídea, la encargada de poner sus razones sobre la mesa: el hijo mayor del respetado emperador Tao Kwaug había sido adoptado por el Monarca, no llevaba la sangre real de Tao, por lo tanto, su nieto no tenía derecho al trono.

De nada valieron los gritos de uno de los nobles presentes blandiendo un documento que, según él, acreditaba la pureza de sangre del príncipe Ts'eng. El candidato no respondía a ninguna de las fracciones en pugna, por lo que fue tachado sin más trámites.

Eliminar al segundo postulante parecía más difícil, pero Yehonala dio una brillante lección de política.

Resolver la paradoja

La tradición china decía que un hijo siempre, a lo largo de toda su vida, debía inclinarse ante su padre. Pero también ordenaba que todos los seres humanos tenían la obligación de inclinarse ante el Emperador. ¿Cómo resolver la disyuntiva cuando un joven se convertía en monarca estando su padre vivo?

La solución encontrada por la ley era que, en estos casos, el padre debía desaparecer de la escena pública. Debía recluirse en una residencia alejada de la Ciudad Imperial y no dejarse ver en público nunca más.

Que el candidato propuesto por la Corte haya sido Tsaichen no era lo que había soñado Kung, porque en rigor aspiraba a que el trono fuese suyo. Si su hijo resultaba electo, su vida y su carrera política terminarían para siempre.

Por eso, cuando Yehonala argumentó que prescindir de la presencia del príncipe en el Gran Consejo sería una pérdida invaluable para la administración del Reino, ni el propio Kung tuvo fuerzas para oponerse. Era preferible disputar con la Emperatriz del Oeste que recluirse para siempre lejos de la Ciudad Imperial.

Quedaba, entonces, el pequeño Tsai Tien, de tres años de edad. El niño era hijo de la hermana de Yehonala, o sea, sobrino de la Emperatriz del Oeste, por lo cual la ex concubina volvía a convertirse en regente del Emperador.

Yehonala había sabido prever la reacción de Kung, y no había errado al considerar que quien bebe las mieles del poder difícilmente renuncie a seguir libándolo. Yehonala era la que salía ganando, una vez más.

La jugada maestra había terminado.

Capítulo VI
Sorteando amenazas

*Y*ehonala había logrado imponer su criterio y, muerto su hijo, regresaba al poder en la China imperial por medio de la adopción oficial de su sobrino. Pero la elección del pequeño Tsai Tien tenía sus dificultades. El niño tenía una deformación congénita en los genitales y no estaba en condiciones de procrear. Vale decir: jamás tendría un heredero. Esto, que era conocido por varios de los nobles que integraban el Gran Consejo, fue pasado por alto por temor a desatar la furia y consiguiente venganza de la Emperatriz del Oeste.

La limitante del nuevo monarca tenía, sin embargo, otras derivaciones que Yehonala no previó, o pensó que podía controlar: la lucha por la sucesión de Tsai Tien comenzó de inmediato. Esas disputas estarían además atizadas por los problemas de salud que pronto exhibió el pequeño; entre ellos, la epilepsia.

Rong, hermana de Yehonala y madre del nuevo emperador, padecía desde hacía años un fuerte desequilibrio mental y maltrataba a sus hijos, al punto de que los tres anteriores a Tsai Tien habían muerto en la infancia.

Debido a todo eso, quien ahora llegaba al trono era una criatura débil, que apenas hablaba y caminaba con dificultad.

Acaso, un psiquiatra del siglo XXI hubiese diagnosticado que el pequeño padecía de psicosis. La hábil Tzu Shi había forzado la situación al extremo para recuperar el gobierno real, pero su horizonte estaba plagado de negros nubarrones.

El 25 de febrero de 1875, Tsai Tien, convertido en el emperador Kuang Hsu, accedió al Trono del Dragón de la mano de su madre adoptiva, Yehonala, quien sería una de las dos regentes.

La noticia, desde luego, no fue bien recibida por los chinos. El difunto Tung Chih y Tsai Tien eran primos, y la ley decía que un emperador muerto no podía ser heredado por alguien de su propia generación. ¿Cómo podría Tung Chih adoptar como hijo a su propio primo?

Rumores y problemas

La retorcida interpretación de la ley que se dio a conocer no satisfizo a casi nadie. Se proclamó que el nuevo emperador era, en realidad, el heredero de su tío Hsien Feng, no de Tung Chih. El trono luego sería heredado por el primer hijo varón que tuviera el pequeño Tsai.

Inmediatamente, todas las versiones que habían recorrido las callejas de Pekín durante años salieron a la luz. Algunos parroquianos no dudaban, por ejemplo, que el nuevo monarca era en realidad hijo de Yehonala y su apuesto primo, el comandante Jung Lung. Para otros, el verdadero padre de este hijo engendrado por la Emperatriz del Oeste era el decapitado jefe eunuco, An-te-hai. Y estaban, también, los fundamentalistas religiosos que se suicidaban con veneno delante de sus seguidores, "incapaces" de tolerar tamaña violación a las leyes celestiales.

El nuevo Hijo del Cielo no había llegado al Trono del Dragón con el pie derecho. No solamente era vilipendiado por las "personas estúpidas", como se llamaba al pueblo en idioma cortesano, sino que los propios eunucos que tenían a su cuidado a Su joven Majestad lo encerraban en los armarios para que el niño se aterrorizara o le daban a fumar opio cuando algún dolor lo aquejaba.

El nuevo Monarca tenía ataques de llanto a repetición, se expresaba con dificultad, caminaba como momificado y se aterrorizaba ante el menor movimiento imprevisto de quien estuviera cerca.

No fueron tiempos sencillos para Yehonala. A las dificultades cotidianas que presentaba el nuevo emperador, se sumaron las ambiciones expansionistas y comerciales de los países extranjeros que, cebados por la incapacidad china para repelerlos militarmente, habían decidido, sin vueltas, repartirse al gigantesco país asiático en trozos.

En la provincia de Xinjiang, limítrofe con Rusia y con mayoría musulmana, las tropas del país vecino habían penetrado en 1871 con la excusa de sofocar una insurrección, y allí estaban desde entonces. Todos los esfuerzos diplomáticos posteriores de la Emperatriz del Oeste para que los rusos abandonaran el territorio resultaron infructuosos.

También, tras la asunción de Kuang Hsu, los ingleses habían retomado su ofensiva para que la Corte autorizara la apertura al comercio extranjero de otras múltiples regiones del Imperio, y, desde el Este, los japoneses bregaban por apropiarse de Corea, un reino tributario de China.

Francia, por su parte, había logrado apropiarse del reino de Annam, otro de los estados que rendían tributo a China y sostenían la golpeada tesorería del imperio del Hijo del Cielo.

En lo económico, la situación tampoco estaba mejor. El constante aumento de los impuestos mantenía al campesinado en un permanente estado de protesta e insatisfacción que bordeaba la rebelión. La corrupción se había generalizado entre los funcionarios, al punto en que China tenía a algunos de los hombres más ricos del mundo, mientras las finanzas del Estado alcanzaban apenas para cubrir su funcionamiento.

En el aspecto militar, tan determinante en aquellos años para mantener la soberanía de los países, China bordeaba el colapso. Soldados mal pagos, oficiales ineptos o corruptos, y armamento antiguo, conformaban una mezcla que neutralizaba toda supremacía numérica sobre los ejércitos extranjeros.

Tampoco en el terreno político Yehonala tenía un frente despejado.

Tsai-chen, el hijo del príncipe Kung y antiguo amigo de Tung Chih, conspiraba en la Corte para arrebatarle el poder a quien, él consideraba, era un usurpador del trono que legítimamente le correspondía.

Entretanto, el pequeño Kuang Hsu crecía, y el reparto de sus afectos hacia las Emperatrices Viudas comenzó a parecerse al que había hecho Tung en su momento. El nuevo Emperador amaba a Sakota, que lo consentía y le permitía todo tipo de travesuras, y se alejaba de la exigente Yehonala, que imponía reglas, reclamaba dedicación al estudio y lo obligaba a respetar el protocolo.

Así, el Hijo del Cielo, tal y como había hecho su antecesor, se fue alejando gradualmente de una de sus madres adoptivas.

Dos golpes

Cinco años después de la asunción al trono de Kuang Hsu, Yehonala había perdido buena parte del prestigio ganado durante la regencia de Tung Chih, y en 1880 ocurrieron dos hechos que golpearon aún más sobre el alma y el ego de la Emperatriz del Palacio del Oeste.

El primero de ellos sucedió una mañana, cuando Weng Tung-ho, el tutor del Emperador, se presentó ante ella para informarle que el comandante Jung Lung estaba manteniendo un romance con una de las jóvenes que fuera concubina de Hsien Feng; una transgresión que se pagaba con la muerte. Jung había aprovechado la libertad concedida por Yehonala para entrar y salir de la Ciudad Prohibida a cualquier hora del día y de la noche.

Para Tzu Shi fue un verdadero mazazo cuando comprobó por sí misma que lo que decía Weng, y casi todos los habitantes de la Ciudad Prohibida sabían, era cierto.

En esa situación, tomar una decisión no resultaba sencillo. Más allá de la traición afectiva que pudo haber sentido, condenar a muerte a su amado primo significaba eliminar a su más incondicional aliado político y a un jefe militar que le aseguraba tener al ejército de su lado cuando era preciso exhibir la "razón" de las armas para dirimir un conflicto cortesano.

Al mismo tiempo, no podía dejar el "delito" sin castigo, habida cuenta de que el rumor ya traspasaba los muros imperiales.

Decidió perdonarle la vida, pero lo expulsó de la Corte y lo destinó a Xian, en la provincia de Shaanxi, un territorio habitado por musulmanes, alejado de Pekín y próximo al desierto de Gobi; una suerte de destierro para el general más poderoso del Imperio.

El segundo golpe sucedió durante el tiempo en que la Emperatriz del Oeste debió abandonar sus tareas en la Corte, como producto de una infección hepática que la recluyó en su lecho de enferma por más de tres meses.

Impensadamente, Sakota decidió ocupar su lugar asistiendo cada día a las audiencias y tomando el control del gobierno.

La Emperatriz del Este que, hasta entonces, se había mostrado poco afecta a cumplir funciones gubernativas, se exhibió de pronto como una dirigente perspicaz y ejecutiva, siempre conservando sus delicados modales y su tierna sonrisa.

La situación en la provincia de Xinjiang (región de Ili) seguía siendo un problema y una afrenta para el Reino, y cada uno de los intentos diplomáticos y militares llevados adelante por Yehonala por desalojar a los rusos del lugar había terminado en fracaso.

Pero la dulce prima de Tzu Shi tenía una sorpresa para regalarles a los adustos nobles de la Corte y al pueblo chino.

Dice Keith Laidler:

"Las nuevas negociaciones sobre el 'problema de Ili' estuvieron a cargo de Tseng Chi-tse (hijo de Tseng Guo-fen, héroe de Tai Ping) mientras se hallaba al mando Sakota, y como resultado los rusos desocuparon Ili, pero sólo a cambio de un pago de casi el doble de los gastos originales: nueve millones de rublos [...] Sakota, por supuesto, ganó prestigio por su 'victoria' y se la juzgó una administradora capaz por propio derecho".

Los riesgos de la gula

El triunfo diplomático de la Emperatriz del Este lejos estaba de ser un dato anecdótico y coyuntural. Por el contrario, resultaba sintomático el inesperado giro en la posición de los rusos que, hasta entonces, tenían exigencias desmesuradas, como que se les concediese, además de una fuerte compensación económica, el control político y militar de la mitad de Ili.

Yehonala estaba convencida de que su prima había tejido un acuerdo con los reformistas liderados por Kung y éstos, a su vez, con británicos, franceses y estadounidenses.

Según Yehonala y lo que el propio Jung Lung creía, los occidentales habían presionado a los rusos para que Sakota se consolidara en el gobierno, a cambio de que, una vez eliminada Tzu Shi del poder real, la nueva administración cortesana con supremacía reformista abriese por completo el comercio a los extranjeros. Si esto era efectivamente así, no sólo el poder, sino la vida de Orquídea pendían de un hilo. En ese marco, el *affaire* de Jung con la ex concubina de Hsien Feng encajaba lo más bien en el plan reformista.

Si Yehonala sentenciaba a muerte a su primo, perdería al mejor aliado en la Corte y la fuerza militar que la respaldaba.

La Emperatriz Viuda había evitado acabar con la vida de su primo, pero no el tener que expulsarlo del lugar en el que más lo necesitaba: la Corte. Jung Lung se había dejado enredar en una conspiración cegado por los encantos de una mujer, y eso era, en realidad, lo que más enojaba a la madre adoptiva del Emperador.

Resultaba imperioso quitar a Sakota de escena.

Los eunucos seguían siendo los grandes aliados de Yehonala, y de ellos se valdría para poner en marcha el plan que había concebido.

Una mañana de abril del año 1881, Li Lieng-ying, eunuco jefe y favorito de la Emperatriz del Oeste, llegó hasta las habitaciones de Sakota portando un presente que le enviaba su prima. Eran varios pastelillos de los gustos más variados.

La tierna esposa principal de Hsien Feng debió haberlos engullido con glotonería, tan amante de los dulces como era. Tenía por entonces cuarenta y cuatro años y había exhibido siempre una salud de hierro.

Sin embargo, dos días después del sorpresivo regalo, Sakota murió en su lecho, presa de convulsiones, sin que los médicos de la Corte pudiesen determinar qué clase de enfermedad le estaba arrebatando la vida de modo tan vertiginoso.

No existió modo de probarlo, pero resultaba evidente que la Emperatriz había sido envenenada. La mayoría de las miradas acusadoras cayeron sobre su ambiciosa prima. Y con seguridad no se equivocaban.

Un maestro influyente

Weng Tung-ho tenía una estatura que superaba bastante la media de los chinos del siglo XIX. Robusto, con mirada pícara y andar parsimonioso, aquel "hombrón" no le hacía honor a su voluminosa figura cuando hablaba. Tenía una voz suave, opaca, y enhebraba sus palabras con serenidad, como si eligiera con cuidado cada una de ellas. Era literato e historiador y llevaba sus cuarenta años con aplomo y vitalidad.

Weng había sido elegido como tutor del emperador Kuang Hsu por su innegable prestigio como Director de la Academia de Literatura Hanlin, y por sus dotes pedagógicas. Era un erudito, pero antes que eso, un maestro en el más extenso sentido del término.

Contra todas las predicciones cortesanas, la elección de quien tendría a su cargo la formación académica, cultural e intelectual del Hijo del Cielo se había realizado sin sobresaltos, por unanimidad. Tanto las dos Emperatrices Viudas cuanto el príncipe Kung aprobaron de buena gana su nominación.

¿Conocía Yehonala el pensamiento profundo de ese sabio que hablaba en voz baja midiendo cada concepto? ¿Había estudiado Kung los antecedentes de Weng en materia política?

A la luz de los acontecimientos posteriores es posible suponer que el príncipe había estado perfectamente asesorado respecto de quién debía modelar la mente del pequeño Kuang Hsu. No así su madre adoptiva, a pesar de que el "hombrón" había sido su maestro de historia y de literatura, en aquel tiempo en que aguardaba la oportunidad para introducirse en la recámara del Emperador.

Lo cierto es que el tutor comenzó a efectuar con el niño un trabajo que años más tarde Yehonala padecería en carne propia. Weng Tung-ho no sólo despreciaba el enciclopedismo que practicaba la mayoría de los maestros chinos, sino que estaba perfectamente al tanto del pensamiento y las ideas occidentales.

Como un orfebre, Weng fue modelando la mente del Emperador para que fuese capaz de razonar, de ejercitar el pensamiento crítico, para que pudiera elaborar conceptos por cuenta propia, más allá de lo que prescribieran los libros. Le hizo ver las ventajas que las nuevas tecnologías les daban a los hombres y a los países que disponían de ellas; le inculcó criterios políticos diferentes de los que postulaban Confucio y la tradición de los manchú.

Así, el niño temeroso, físicamente poco dotado y con una personalidad maleable y sumisa comenzó a interesarse por cuestiones que, si Yehonala hubiese advertido a tiempo, habría clausurado.

Afirma Sebald, con respecto a Kuang Hsu:

"Manifestaba su propia voluntad cada vez con mayor frecuencia. Kuang-hsu, profundamente fascinado por las máquinas modernas, aún pasaba la mayor parte de su tiempo desmontando los juguetes mecánicos y mecanismos de relojería que vendía un fabricante danés en un comercio de Pekín [...] a mitad de los años noventa, comenzaba a defender los propósitos del movimiento reformista –bajo cuya influencia había caído– que, en creciente medida, contrariaban las intenciones de Cixi [Yehonala]".

Aunque nada de todo esto preocupaba a la orgullosa Emperatriz del Oeste en aquellos días del año 1881. Había quedado como única regente y su poder indiscutido le permitía llevar adelante la purga política con la que tanto había soñado. Barrer a los reformistas de la Corte le aseguraba el control absoluto del gobierno, y llevar a cabo una política abiertamente conservadora, sin tener que lidiar con las objeciones de la fracción opositora.

Yehonala accede

A lo largo de toda la década del ochenta, antes de que Kuang Hsu asumiera el control efectivo del gobierno chino, Yehonala había llevado adelante la tarea de manera implacable.

Comenzó con el príncipe Kung, al que se acusó de indolencia en el cumplimiento de sus tareas gubernativas y, aunque respetando su título nobiliario, se lo privó de todo cargo oficial y se le recomendó marchar hacia la serenidad de su hogar, a cuidar de su familia y de su salud.

Detrás del príncipe, otros cuatro altos funcionarios debieron alejarse de la función pública, acusados de diferentes alteraciones en la tarea que debían cumplir. Ninguno perdió la vida, pero la reputación y el prestigio de todos quedaron transformados en cenizas.

En 1887, Kuang Hsu cumplió diecisiete años; vale decir, ya era mayor de edad para las leyes hereditarias chinas, y debía asumir en forma efectiva el poder; se terminaba el tiempo de regencia. Pero a Yehonala le quedaban aún cosas por hacer antes de dedicarse a manejar los hilos desde detrás del trono, como ella imaginaba que ocurriría.

Convocó, entonces, al príncipe Ch'un, padre del Emperador y esposo de su desquiciada hermana Rong, y lo convenció de que el muchacho no estaba aún en condiciones de enfrentarse a las exigencias del cargo y las intrigas palaciegas, por lo que sugería extender la regencia un par de años, a fin de que el joven concluyera su educación y su formación como gobernante.

Ch'un accedió de buena gana. Su vida había sido cómoda durante los tiempos de la regencia, y su fortuna se había incrementado notablemente, pese a sus permanentes arengas en contra de la riqueza que todo lo corrompe.

Además, el príncipe, un típico fanfarrón que alardeaba de su temperamento indomable, no era más que un hombre débil que temía que con su hijo al frente del gobierno chino sus prebendas disminuyeran o desaparecieran para siempre.

Ch'un solicitó formal y públicamente que la Emperatriz Viuda prolongara un tiempo más la regencia de su hijo, y Yehonala, tras negarse en tres oportunidades como marcaba el protocolo, aceptó complacerlo.

La tela de araña

Resuelta la continuidad de la Emperatriz Viuda por dos años más en la cima del poder, y despejado el frente opositor reformista, Yehonala debía resolver otra cuestión que no carecía de importancia: elegirle esposa y concubinas al Emperador, que ya estaba en edad de casarse.

No pensaba repetir la experiencia que tuviera con Alute, por lo que requirió el consejo del eunuco jefe, Li Lien Ying, a la postre su asesor favorito en cuestiones de intrigas palaciegas.

El castrado no tardó en poner sobre la mesa el nombre de Lan, hija de Kuein Hsiang, hermano de Yehonala y, por lo tanto, sobrina de la Emperatriz Viuda y prima hermana del Emperador.

La muchacha, de veinte años (tres más que Kuang Hsu), no era ni bella ni inteligente, pero tenía una cualidad invalorable para los planes de Tzu Shi: sería una emperatriz incondicional a los designios de su tía. Pertenecía al clan Yeho Nala, y sabía perfectamente lo ruda que podía ser Tzu Shi con los díscolos.

Respecto de las concubinas, Li Lien Ying sugirió los nombres de las hijas del Secretario del Consejo de Justicia, un miembro del clan Tatala, aliados históricos de los Yeho Nala.

Zhen era decididamente hermosa. Tenía catorce años y, pese a mostrarse inquieta y curiosa, no parecía ser una muchacha con determinación y criterios propios. Chin tenía un año más que su hermana, era menos bella que Zhen y tan sumisa y pasiva como deseaba la Emperatriz Viuda.

La combinación sonaba perfecta, y Yehonala no dudó en aprobar la propuesta de su castrado favorito. Necesitaba contar con todas las energías posibles para ocuparse del peligroso avance japonés sobre Corea.

Pero, ¿se ocuparía realmente?

El peligro japonés

Hacia 1860, los "enanos del Este", como despectivamente llamaban los chinos a los japoneses, habían comprendido que el tiempo de las tradiciones, los samurai y los emperadores iluminados por el cielo estaba terminado.

El expansionismo occidental, a caballo de un flamante capitalismo industrial y de la explosión tecnológica, avanzaba sin freno en busca de nuevos mercados, barriendo con todo lo que se le ponía a su paso. África, India y más tarde China eran ejemplos del destino que les aguardaba si no se abocaban a un rápido y decidido proceso de modernización.

Con el joven Mutsuhito, de apenas quince años, como nuevo emperador, se inició un proceso de reformas profundas que, entre otras, abolía el poder de los samurai como fuerza militar del Imperio para crear un ejército profesional, dotado de armamento moderno, y proclamaba la "restauración Meiji" que, en los hechos, abolía el feudalismo.

La rápida tecnificación, occidentalización e instauración de un modelo económico capitalista logrados por la nueva tecnocracia gobernante obligaba a Japón, al igual que al resto de las potencias europeas, a procurarse nuevos mercados e, incluso, a ampliarse territorialmente. Un estado vasallo de China como era Corea pronto quedó en la mira de la nueva potencia asiática.

Asaltar Corea tenía, para Japón, la ventaja de que no era un territorio ambicionado por los capitalistas occidentales.

En el reino vasallo se había iniciado un proceso insurreccional nacionalista que desalentaba la penetración europea.

China ya había perdido Vietnam a manos de los franceses. Inglaterra, Portugal y los Estados Unidos comerciaban con libertad en casi todo el territorio, por lo que perder Corea a manos de los "enanos del este" resultaba inadmisible para Yehonala.

Claro que los deseos de la Emperatriz Viuda se alejaban cada vez más de la realidad concreta. Enfrentar con éxito a Japón exigía, cuanto menos, tener una armada que igualase el poderío nipón y, para ello, era imprescindible contar con los fondos necesarios; no bastaba con crear la Junta del Almirantazgo o invocar al cielo. El dinero era escaso; las cosechas, malas y los tributos de los estados vasallos se escurrían por las canaletas de la corrupción del funcionariado. Tiempo atrás, Jung Lung le había dicho a Yehonala que cerca de treinta por ciento de los ingresos del Reino iba a parar a manos de gobernadores y mandarines.

Al comenzar 1888, la Emperatriz Viuda tuvo una buena noticia, si bien debió hacer un gran esfuerzo para disimular su alegría. Tsai Chen, hijo del príncipe Kung y amigo de Tung Chih, que condujera al emperador muerto por el camino de los burdeles y el opio, había fallecido presa de una enfermedad venérea, igual que Tung.

Pese a la aflicción que debió mostrar frente la noticia, Yehonala sintió que, sin intervenir personalmente, se había removido de su paso el último obstáculo político que le quedaba en el frente interno.

La hora de dar un paso al costado estaba cerca.

A lo largo de todo ese año, Tzu Shi se dedicó a supervisar el avance de las obras de reconstrucción del Palacio de Verano que habían recomenzado, porque ése era el lugar elegido por ella para que la albergase cuando decidiera su retiro. Y hacia allí volaron los recursos que pudieron haberse utilizado para que China tuviese una armada capaz de enfrentarse con los modernos barcos japoneses.

Encaminar el Reino hacia la occidentalización y la modernidad no era uno de los objetivos de Yehonala. La Emperatriz Viuda percibió cuáles eran los riesgos de no detener el expansionismo nipón. Pero eligió seguir dedicándose a los gusanos de seda que criaba en el Palacio de Verano y a planificar el modo en que seguiría manejando el poder "detrás de la cortina", cuando Kuang Hsu se sentase en forma efectiva en el Trono del Dragón.

El joven reformista

El 26 de febrero de 1889, Lan, la prima hermana del Emperador, se convirtió en su esposa. Desde ese momento pasaría a ser la emperatriz Longyu. No le haría falta demasiado tiempo para saber qué lugar ocuparía en el corazón del Monarca. El mismo día de la boda, Kuang Hsu demostró que sólo tenía ojos para la pequeña concubina Zhen. Pronto, también Yehonala sabría de la indocilidad de esta jovencita.

El 4 de marzo, apenas concluidos los festejos de la boda real, la Emperatriz Viuda abandonó la regencia. Era la primera vez que se retiraba del poder desde la muerte de su marido, o, al menos, eso indicaba la formalidad cortesana.

La realidad, sin embargo, fue bien distinta.

El joven Emperador no estaba dispuesto a transformarse en un muñeco de trapo manejado por los hilos de Yehonala o de los príncipes de la Corte. Kuang Hsu hablaba el inglés con decoro y había leído con atención a pensadores como Kang Youwei, que abogaban por un sistema político basado en una monarquía constitucional y por reformas del tipo de la restauración Meiji, en Japón.

Estaba convencido de que sólo la modernización podría sacar a China del estado de marasmo en el que se hallaba. No era el único, y a partir del momento en que comenzó a dejar ver el juego que se proponía llevar adelante, todo un grupo de intelectuales reformistas se acercó de buena gana al joven Hijo del Cielo; entre ellos, el propio Kang Youwei.

Sterling Seagrave, en su voluminoso trabajo sobre Yehonala, reproduce la opinión de uno de los ministros extranjeros que se entrevistó con el nuevo Emperador:

"Los ferrocarriles, la luz eléctrica, la ciencia física, una nueva armada, un ejército mejorado, un sistema bancario general, una casa de moneda, todo en capullo ahora, pronto estará en plena floración […] El reinado del joven Emperador será la época más memorable de la historia de China".

Pero para el Emperador, miembro de un rancio clan manchú, no resultaba sencillo pasar por alto las recomendaciones de sus mayores, en especial si se trataba de la gran Emperatriz Viuda.

Susurros en el lecho

Una vez por semana, el joven Monarca asistía al Palacio de Verano a visitar a su madre adoptiva, y una vez por semana recibía advertencias en relación con su forma de pensar la política.

En rigor de verdad, había sido la propia Tzu Shi (recordemos, nombre oficial de Yehonala) la responsable de que el muchacho abrazara ese reformismo militante que ahora exhibía. Demasiado preocupada por las intrigas palaciegas y, acaso, deslumbrada por la personalidad de Weng Tung-ho, había permitido, recordemos, que ese académico enrolado en un reformismo que incluso excedía el de Kuang se convirtiera en tutor de quien ocuparía el Trono del Dragón. Pero había aún más. Algunos meses después de empuñar el timón gubernamental del Reino, el Emperador comenzó a tomar distancia, lenta pero progresivamente, de las opiniones de Yehonala. O no las pedía, o si las recibía, no las ponía en práctica.

Para la Emperatriz Viuda, semejante actitud resultó desconcertante, aunque sólo en un primer momento. Bastó con que los eunucos que asistían a Kuang Hsu pasaran el informe de lo que ocurría en las habitaciones del Hijo del Cielo, para que la Dama Yehonala comprendiera exactamente qué estaba pasando: la concubina Zhen, desde su aparente comportamiento adolescente, instaba al Emperador a liberarse de la influencia "materna" y a avanzar por el camino de las reformas.

Detrás de aquella apariencia desprejuiciada, pero inofensiva, Zhen era una muchacha atrevida, inteligente y capturada por el pensamiento occidental. Gustaba de vestirse con ropas de hombre, amaba la fotografía y, para conocer más sus técnicas, invitaba a especialistas extranjeros a palacio; opinaba con desenfado y creía que sólo la modernización de China haría de Kuang un gobernante memorable.

La personalidad del Monarca, es cierto, la ayudaba.

Así lo describe Seagrave:

"Como Hamlet, dudaba ante todo. Aspiraba a ser decidido, pero era indeciso. Deseaba emular a los reyes guerreros del pasado, pero físicamente era frágil. Quería liderar pero sólo podía seguir, siempre a la espera de que alguien le mostrara el camino".

Con todo, después de casi 2 mil años en que la tradición, las formas y los ritos ceremoniales habían gobernado a China, Kuang Hsu se mostró a los ojos de los reformistas como una saludable, esperada y necesaria brisa de aire fresco.

Si la concubina Zhen actuaba influida por el grupo de pensadores pro occidentales que rodeaban al Emperador o si las ideas surgían de la propia joven, es imposible saberlo, pero para quienes anhelaban liberarse del yugo del tradicionalismo manchú aquello resultaba irrelevante.

En junio de 1889, apenas tres meses después de haber ascendido en forma efectiva al trono, Kuang Hsu promulgó un edicto según el cual la reforma política, institucional y económica de China pasaba a convertirse en política de Estado.

Con dos intelectuales reformistas a su lado como asesores privilegiados, Kang Youwei y Liang Quichao, el Hijo del Cielo ordenó la creación de la Universidad de Pekín, la construcción del ferrocarril de Lu-han, la adquisición de infraestructura industrial y el estudio preliminar de una Carta Magna para China que, respetando ciertas formas tradicionales, impulsara una monarquía constitucional.

Era demasiado temprano para eso y, de momento, no habría de superar la categoría de expresión de deseo; pero a los políticos japoneses las intenciones del Emperador no les pasaron inadvertidas.

Capítulo VII
China quiere vivir

*P*robablemente por ser minoría dentro del extenso reino que gobernaban los Ming, o acaso porque ni siquiera eran considerados chinos, los manchúes tenían una larga y "rica" trayectoria xenófoba. Las tradiciones, las costumbres y un inalterado orden jerárquico les servían de murallas.

Llegaron al poder tras largas y sangrientas luchas entre clanes, que se resolvieron a partir del triunfo de uno de ellos y el posterior reparto de riquezas, territorios y autoridad.

Al grupo más xenófobo que integró todas y cada una de las cortes que acompañaron a los distintos emperadores manchúes se lo conoció como los Sombreros de Hierro, por el formato de los cascos que usaban los nobles de dicha etnia. Su Shun, el militar descabezado, había sido uno de ellos.

En 1887, cuando Yehonala renovó la regencia por otros dos años y barrió de la Corte al reformismo, los Sombreros de Hierro volvieron al sitial privilegiado que debieron abandonar tras la decapitación del general.

Ellos dominaban la Corte cuando Kuang Hsu asumió el poder efectivo y comenzó a difundir sus ideas reformistas. Y nada de lo que postulaba el nuevo Hijo del Cielo (al que tampoco le asignaban legitimidad para ocupar el trono) les pareció adecuado.

Carecían, de momento, de capacidad para cuestionar abiertamente las resoluciones del monarca, pero tenían las armas para evitar que se llevaran a cabo plenamente. Las decisiones del Emperador eran cumplidas por gobernadores y mandarines sólo cuando la inacción se volvía intolerable para el gobierno, y comenzaba a correr peligro la cabeza del desobediente.

Para los japoneses, en cambio, las ideas transformadoras de Kuang no significaban una amenaza. Era otro el peligro. Si China emprendía la senda reformadora con suficiente decisión y velocidad, los deseos expansionistas de los "enanos del este" podían quedar insatisfechos para siempre.

El enemigo cercano

Japón había iniciado la occidentalización como una forma de garantizarse la supervivencia como país soberano y, gracias a las fortalezas económica y militar logradas por la restauración Meiji había podido conquistar el respeto y el apoyo de las posiciones extranjeras.

Pero ese apoyo no sería tal si el Trono del Dragón abrazaba también la causa de los capitalistas. Gran Bretaña podía tolerar que Francia, Rusia o Japón se apropiaran de territorio chino mientras los manchúes se negaran a reformular su comercio; no lo haría, en cambio, frente a un escenario de occidentalización del gigante asiático.

Para los europeos, sostener militarmente una ocupación suponía una sangría económica; para los japoneses, no. Los kilómetros que los separaban eran la clave.

Así, a comienzos de 1894, luego de varios altercados y en vista de que las reformas, aunque a paso lento, parecían avanzar en China, Japón decidió lanzar el zarpazo que tenía decidido, aunque ocultaba: arrebatarle Corea a los chinos.

El motivo para imponer su supremacía militar sobre las huestes de Kung podía ser cualquiera. Llegó cuando una revuelta nacionalista en Corea llevó al monarca del Estado vasallo a pedir tropas chinas para ayudar a sofocarla, y el Emperador ordenó marchar en auxilio de sus súbditos.

Pero como algunos años antes China y Japón habían firmado un tratado según el cual se comprometían a que ninguno de los dos Estados enviaría tropas a Corea sin el consentimiento del otro, el gobierno militarista nipón se consideró con el derecho de mandar también a sus soldados.

Cuando ambos ejércitos desembarcaron en Seúl, la revuelta ya había sido sofocada, pero los japoneses, que ya concentraban cerca de ochenta por ciento del comercio exterior coreano, le exigieron formalmente al rey que dijera si el suyo era o no un Estado tributario de los chinos.

Ante la afirmativa del monarca coreano, lo derrocaron, ungieron un gobierno títere y le declararon la guerra a China. No era difícil saber de antemano cómo se saldaría la contienda.

Tal cual apunta Seagrave, todo terminó muy rápido. Las reformas avanzaban al ritmo de una tortuga herida, y la corrupción y rivalidades reinantes entre ministros, gobernadores, mandarines y generales impedían cualquier tipo de estrategia militar coordinada, tanto como el imprescindible abastecimiento de municiones y víveres para los combatientes.

Reseña el historiador nacido en la frontera chino-birmana:

"El 17 de septiembre, en la boca del río Yalu, los japoneses destruyeron la flota de la que tanto alardeaba Li, en una sola tarde, sin ni siquiera dañar seriamente a uno de los propios buques, en la victoria naval más importante desde que Nelson obtuvo su brillante victoria en Trafalgar".

Sin invertir demasiada sangre, ni demasiado fuego, los japoneses quedaron con el camino libre para marchar hacia la Ciudad Prohibida.

Completa Seagrave:

"Cuando la noticia del desastre llegó a Pekín, Tzu Hsi [recordemos, así llama a Yehonala] quedó pasmada. Nada de lo que le habían dicho sus ministros la había preparado para este sacudón que le daban los hechos reales".

En marzo de 1895, las tropas japonesas ya habían ocupado el sur de Manchuria, Wei-hai-wei, Newchwang, Yingkow y se proponían marchar, ahora sí, hacia Pekín.

Pero tanto Inglaterra como Francia y Rusia, neutrales hasta el momento, no estaban dispuestas a permitir que Japón se quedara en Corea. Lo invitaron a que aceptara un tratado en el que China lo resarciese de los gastos militares y que le concediese la independencia a Corea.

No era lo que se proponían los "enanos del este", pero no estaban en condiciones de provocar la ira de los europeos, a los que se había sumado también Estados Unidos.

El 17 de abril de 1895, en Shimonoseki, Japón y China firmaron un armisticio humillante y perjudicial para el Trono del Dragón. Además de los 300 millones de Tael que China debía pagar en concepto de indemnización, Japón se quedaría con la isla Formosa y la península de Liaotung, en Manchuria. China también, debería concederle la independencia a Corea. La derrota no pudo ser peor.

Cien días tras veinte siglos

Por paradójico que parezca, la humillante derrota que los "enanos del Este" le habían infligido al Reino Celestial fortaleció la imagen de Kuang Hsu y, si se quiere, debilitó la de la Venerable Madre, recluida en el Palacio de Verano.

Desde luego, esto no ocurrió en todos los sectores de la sociedad china. Los tradicionalistas seguían convencidos de que la superioridad del reino elegido por el Cielo no se fundaba en victorias o derrotas militares, sino en una ley natural; Japón y el resto de los europeos eran bárbaros, en tanto que los chinos gozaban del rango de aliados terrenales de los dioses.

La descarnada realidad, empero, parecía empeñada en castigar con rudeza a los seguidores de los Sombreros de Hierro. También el Cielo olvidaba a sus representantes en la tierra. China se despedazaba con cada embestida extranjera, y el enorme Reino se achicaba.

Pero con excepción de los más ancianos, los conservadores tradicionalistas tenían poca base de sustentación entre el pueblo chino. En menos de un lustro de gestión, el Emperador, pese a no ser bendecido con el don de procrear hijos y ser sistemáticamente desobedecido por gobernadores y mandarines recalcitrantes, había logrado algunas mejoras en la economía china y, consecuentemente, en la vida del pueblo, de la "gente estúpida".

A esto se sumaba la incansable tarea propagandística de los intelectuales reformistas, cada vez más convencidos de que si China no se transformaba en una sociedad industrial, la suerte del Reino sería su desintegración a manos extranjeras.

Desde 1899, acicateada por el propio Hijo del Cielo, la difusión de las ideas de pensadores liberales, tanto europeos como asiáticos, había ido en aumento. Después de la paliza militar y el leonino tratado de Shimonoseki, la tendencia se profundizó.

Señala Keith Laidler:

"Cuando se descubrió qué libros occidentales había comenzado a leer el Emperador, los pedidos de esas publicaciones aumentaron tanto que las sociedades literarias de los puertos de tratado europeo no daban abasto a la demanda. Aparecieron versiones piratas, fotografiadas por chinos emprendedores e ingeniosos, que se vendían a una décima parte del precio de los originales".

El momento para ir a fondo con el proceso transformador había llegado.

La incansable actividad de Kang Youwei, el cerebro reformista del gobierno transformado en un propagandista de primera línea, sumada a la evidente comprobación de que todo lo que el cantonés había vaticinado, si no se implementaban reformas, ocurrió exactamente así, crearon el clima necesario para que el joven Emperador decretara el inicio de una "revolución" político-económica en el Reino de los Cielos.

El 16 de junio de 1898, Kuang Hsu echó a rodar la maquinaria legal que debía sacar a China del atraso. Edicto tras edicto, en una sucesión casi compulsiva, fueron dados a conocer durante los siguientes sesenta días, escandalizando a Yehonala y su facción conservadora. El puño de Kang Youwei se vislumbraba por detrás de la firma del Emperador.

Señalan los historiadores Herbert Franke y Rolf Trauzettel respecto de los edictos:

"Involucraban por un lado la transformación de la educación y la limitación de los ejércitos de 'banderas', así como ciertas instituciones consideradas superfluas, y por el otro, el establecimiento de una hacienda estatal ordenada (con publicación y fundamentación de presupuesto), el fomento del arte y de la ciencia [...] también debía ampliarse; es decir, garantizarse por primera vez, el derecho del pueblo a acudir directamente al gobierno y al propio Emperador".

El Hijo del Cielo ordenaba, entonces, la creación, en todas las provincias, de academias dedicadas a la enseñanza de la agricultura intensiva; la promulgación de una ley de patentes que asegurara la propiedad y los beneficios a los inventores; un tiempo límite para terminar la construcción del ferrocarril Lu-han; la abolición de la materia "ensayo literario" en los cursos de capacitación para el funcionariado; una reforma integral en los métodos de formación y conducción de las fuerzas armadas, junto con la adquisición de material bélico moderno; la obligación indelegable de ministros, mandarines y gobernadores de apoyar el comercio a lo largo y lo ancho de todo el territorio, junto con la creación de secretarías comerciales en Shangai, destinadas al fomento de las exportaciones; el derecho de que cualquier persona, del rango y estrato social que fuese, pudiese elevarle al Emperador propuestas, quejas o sugerencias mediante memoriales, y la implantación de una ley de presupuesto que debería confeccionarse cada año para ser discutida y aprobada por la Corte, tanto a nivel nacional como provincial.

Eran sólo algunas de las medidas que Kuang Hsu decretó en los más de cuarenta edictos publicados. Comenzaban así "los cien días de las reformas", tal cual habrían de denominarlo los historiadores.

Demasiados cambios

Avanzar con un proceso reformista de tamaña envergadura y con toda la fracción de los Sombreros de Hierro conspirando para propiciar la caída del Emperador exigía no sólo pensadores modernos y filosos como Kang Youwei, sino dirigentes experimentados en la tarea ejecutiva. Y el príncipe Kung no reunía los méritos suficientes para eso.

Sin dudarlo demasiado, el Emperador rescató del ostracismo al cuñado de la Emperatriz Viuda y, aunque inicialmente le asignó un asiento en la Junta de Guerra, le tenía preparado su viejo lugar en el Gran Consejo.

Lamentablemente para el Monarca, Kung murió un mes después de su nombramiento, a los 65 años de edad, llevándose a la tumba la experiencia y ductilidad política que tanto hubiese necesitado el Emperador. Pero el solo anuncio de su regreso a la arena pública encendió una hoguera entre los conservadores.

Esta vez sí la sangre había llegado al río, o más precisamente al Palacio de Verano. La catarata de edictos imperiales sacudía con violencia la tradicional estructura real amasada a lo largo de veinte siglos, amenazando derrumbarla en pocos años. Los Sombreros de Hierro pensaron que la solución a tanta novedad estaba en el retiro del Emperador, y sabían a quién acudir en busca de apoyo para terminar con la marea reformista.

Se ha dicho, y acaso con razón, que el gran error cometido por Kuang Hsu fue la premura; fue pretender remover los cimientos de la sociedad feudal en pocos días en lugar de ir haciéndolo en forma gradual. El Emperador, se dijo, estaba rodeado de jóvenes intelectuales reformadores, capaces de ver con nitidez el futuro pero escasamente idóneos para conducir un gobierno. Es posible.

Existe, sin embargo, otra perspectiva desde la que se pueden enfocar aquellos míticos "cien días": la situación internacional.

A menos de cinco años de distancia del siglo XX, China debía enfrentar no ya la revolución industrial británica con su necesidad de nuevos mercados y libre comercio, sino el vertiginoso e implacable paso de Occidente hacia sociedades industriales avanzadas y modelos políticos republicanos o, cuando menos, monarquías constitucionales.

El Reino del Cielo, si era incapaz de sacudirse prestamente el feudalismo medieval que lo atenazaba, marchaba hacia dos destinos posibles: la desintegración o una revuelta social con final incierto. Ambos escenarios eran igualmente dramáticos para la nobleza gobernante.

El reformismo, sin dudas, aparecía como el único remedio posible para evitar aquellos dos "males" que dejarían a los poderosos chinos con las manos vacías; pero debía hacerse lo más rápido posible. Los tiempos del avance paulatino habían pasado hacía muchos años.

La Viuda respalda el golpe

Completada la etapa de promulgación de edictos, el Emperador se decidió a tomar la medida que venía postergando, porque intuía las consecuencias que ella habría de acarrear. Resultaba imposible avanzar con tamaño plan de reformas si no alejaba del gobierno a los ministros que, veladamente, seguían respondiendo a la Venerable Madre. La mayoría de ellos también integraban la fracción de los Sombreros de Hierro.

A lo largo del mes de agosto se fue produciendo la "purga", y la inquietud conservadora no sólo se reflejaba en Corte cada día sino, una vez a la semana, cuando Kuang Hsu realizaba la visita protocolar a su madre adoptiva.

En tono firme, Yehonala le hacía saber al Hijo del Cielo que reprobaba con severidad el rumbo que le estaba imprimiendo al gobierno de China. Poco valían para la Vieja Buda las argumentaciones de Kuang.

El Monarca, sin embargo, no había advertido la gravedad de la situación hasta que una noche, en brazos de Zhen, la concubina le reveló la información que casi de manera casual había podido obtener luego de una conversación con su padre, fuertemente ligado a los Sombreros de Hierro: la Emperatriz Viuda había autorizado, después de reiterados ruegos de los conservadores, el "retiro" de su hijo adoptivo.

Zhen ignoraba los detalles de la operación, pero le aseguró que, tanto como su padre, muchos príncipes de la Corte sabían del golpe de Estado que podría llegar a producirse en el mes de octubre.

Esa misma noche, el Emperador le escribió a Kang Youwei informándole de la situación y pidiéndole que averiguara cuáles eran los planes de los golpistas. A la madrugada, un emisario partió de la Ciudad Prohibida llevando la urgente misiva del Emperador.

Al anochecer del día siguiente, el principal consejero del Hijo del Cielo contaba ya con la información requerida. Poco les había costado a sus espías obtenerla.

El plan consistía en arrestar al Emperador en Tientsin, el 19 de octubre, día en que Kuang Hse asistiría para pasar revista a las tropas imperiales. Kang I, el príncipe Li y el comandante Jung Lung formaban parte del complot gestado entre los jardines del Palacio de Verano. El amado primo de Yehonala regresaba así a la arena pública, indultado por la Vieja Buda. Él y su tropa harían el trabajo sucio.

Consciente de que debían actuar con prontitud, Kang Youwei le propuso al Monarca adelantarse a los conservadores y asestar, desde el mismo Trono del Dragón, un golpe de mano que apresara a los conspiradores y enviara a Yehonala a algunos de los palacios reales fuera de Pekín. Sin la Vieja Buda liderando el movimiento y con el comandante de las tropas imperiales en prisión, el golpe de Estado se frustraría.

Kuang Hse aprobó el plan que consistía, además, en encargarle al general Yuan Shi-kai, héroe de Corea e identificado con la causa reformista, la tarea de conducir el operativo militar. Todo debía hacerse antes de mediados de octubre, pero previamente el joven general debería ser ascendido en la Junta de Guerra.

Se lo nombró vicepresidente, pero aun así el complotado comandante Jung Lung seguía siendo su jefe, y ése no era un dato menor para un militar formado en los preceptos confucianos.

Había, además, cuestiones que por el apuro o la inexperiencia pasaron de largo en la consideración del grupo formado alrededor de Kang Youwei y del propio Hijo del Cielo.

Por ejemplo, se ignoró la probada eficacia del "servicio de inteligencia eunuco" que trabajaba para la Venerable Madre, descuidando la confidencialidad absoluta que debían haber tenido las reuniones con el Monarca, o entre los propios integrantes del grupo reformista. Y, más grave aún, se le restó importancia al hecho de que era evidente que el sorpresivo ascenso de Yuan difícilmente dejara de llamar la atención tanto de Yehonala cuanto de los Sombreros de Hierro.

Y, por fin, tampoco se tenía probada la absoluta fidelidad de Yuan Shi-kai. Se le estaba pidiendo no sólo que desafiara la autoridad de Jung, encarcelándolo, sino que posteriormente fuese capaz de disciplinar a los miles de hombres del primo de la Emperatriz Viuda bajo su mando.

Pocos días después de haber sido ascendido en la Junta de Guerra, Yuan recibió una comunicación fletada por su jefe para que se presentase en Tientsin lo antes posible. Jung argumentaba que se estaban produciendo movimientos de tropas niponas en la zona y requería de sus servicios.

El joven general quedó aprisionado entre dos alternativas igualmente peligrosas: desoír la orden de su jefe y caerle encima con su tropa, arriesgando una batalla campal con los guerreros de Jung, o viajar a Tientsin y ser arrestado o asesinado por el comandante, en caso de que su jefe supiese lo de la existencia de la conspiración.

Adiós a las reformas

Había para Yuan Shi-kai un tercer camino: confesar lo que se estaba tramando desde la Ciudad Prohibida, apenas arribado a destino.

Eso decidió Yuan.

Dicen Franke y Trauzettel:

"En este campo, Tz'u-hsi era quien manejaba los hilos; se convirtió en instrumento suyo Yüan Shih-k'ai, quien aparentemente había simpatizado con K'ang Yu-wei, pero que cuando fue llamado a Pekín por Kang y por Tan Ssu-Y'ung, por encargo del Emperador, reveló a la parte contraria los planes existentes para el afianzamiento del Monarca, que se sentía amenazado".

Tan Ssu-Y'ung, al que se refieren los historiadores, era el hijo de un rico y poderoso gobernador de provincia que se había pasado a la fracción reformista. Joven, decidido y valiente, Tan tuvo la responsabilidad de ser él quien contactara y convenciera al general Yuan.

Agregan los académicos alemanes:

"El 21 de septiembre se produjo el golpe de Estado: el emperador Kuang-hsü fue aprisionado, Tz'u-hsi se hizo cargo del gobierno, y se expidieron órdenes de arresto contra los reformadores. K'ang Yu-wei logró huir a Hongkong, Liang Ch'i-ch'ao a Japón, mientras que Tan Ssu-Y'ung escogió deliberadamente para sí el papel de mártir, aunque también él había sido advertido [...] En cuanto a las reformas, éstas fueron deshechas en un plazo de meses, reimplantándose el antiguo orden de cosas".

La conservadora nobleza manchú ignoraba, aquel día de comienzos del otoño, que junto con el triunfal golpe de Estado había hipotecado su destino para siempre.

Las distintas miradas

El regreso de los conservadores al poder, con la poderosa y astuta Emperatriz Viuda a la cabeza, no era empero una buena noticia para los chinos.

Sin tiempo para poner en marcha un proceso de industrialización que sustituyera la economía artesanal, agobiado por el brutal drenaje de recursos que exigía el pago del resarcimiento a Japón, que se hacía con préstamos que China había debido pedirle a los banqueros europeos, e impedido de generar los recursos para devolver el capital y los altísimos intereses que le cobraban por carecer de una economía de escala, el país resbalaba inexorablemente hacia la desintegración o la guerra civil.

Los Sombreros de Hierro festejaron la caída del emperador reformista, pero no lo hicieron solos. Aunque ellos lo ignorasen, también los japoneses aplaudieron el retorno a las tradiciones que emprendían sus vecinos. La occidentalización hubiese puesto de pie al gigante asiático y las pretensiones niponas de convertirse en potencia dominante se habrían diluido.

Los europeos, en cambio, incluida Rusia, no veían el escenario del mismo modo. Desde las tierras del zar se observaba a los japoneses como peligrosos adversarios regionales, y en cambio no vislumbraban así a la postrada China. Arrebatarles concesiones a los tradicionalistas manchúes era simple; lograr el mismo objetivo con los japoneses, no. Tampoco para los ingleses y los estadounidenses el golpe de Estado fue una buena nueva. Habían logrado abrir la mayoría de los puertos chinos al libre comercio, pero si el gigante se hundía en la pobreza y el hambre, como presuntamente ocurriría, esa apertura no serviría para nada.

Por eso, cuando las legaciones extranjeras se enteraron por boca de los nuevos gobernantes que se pretendía destituir a Kuang Hse, se opusieron terminantemente.

Varios embajadores calcularon que, cuando la situación social se volviese intolerable, la Emperatriz Viuda y sus acólitos deberían reponer en el trono, en forma efectiva, al Hijo del Cielo.

Se equivocaban. Yehonala estaba dispuesta a pactar con el mismísimo Satanás para conservar el poder hasta el último de sus días.

El mártir, la Biblia y los escotes

Kuang Hse no era un prisionero, al menos desde la versión oficial. Inmediatamente después del golpe, al Emperador, según narra Keith Laidler:

"... lo rodearon los soldados y, ante la presencia de los eunucos, lo sacaron de la Ciudad Prohibida para llevarlo a Na Hai Hu, a los tres lagos situados en el extremo sur del Palacio. En el centro mismo de uno de los lagos había una pequeña isla, y, entre sus árboles y rocas, un palacio y un pabellón, la Terraza del Océano, accesible sólo por un largo paso elevado protegido por un puente levadizo".

Ése era el "retiro" que se le había asignado al joven Monarca. Privado de la presencia de sus dos concubinas (Zhen era la que preocupaba a la Venerable Madre), sólo su consorte Lan tenía acceso a él.

Lan había oficiado, desde la boda misma, de espía de Yehonala, pero sus servicios habrían de tener poca utilidad. El Emperador casi ni había reparado en su impuesta esposa principal.

Recluido en su prisión de cristal, Kuang Hse fue obligado a firmar cada uno de los decretos que necesitaba su tía para "encauzar" el rumbo del gobierno. Entre ellos, la condena a muerte del joven revolucionario Tan Ssu-Y'ung, acusado de planear el asesinato de Tzu Shi, lo cual era cierto.

Pero la ejecución de Tan no fue, precisamente, una idea brillante de la Vieja Buda. Convertido en mártir, la figura del joven se transformó en un símbolo de lucha para el pueblo y los intelectuales reformistas.

Anchee Min, en su novela, reproduce el poema recitado por Tan que, según la narradora china, fue enseñado durante años en la escuela elemental.

Decía éste:

"Estoy dispuesto a derramar mi sangre
si así mi país puede salvarse.
Pero, por cada uno de los que hoy mueren,
mañana se alzarán mil para seguir con mi labor".

Recuperar para sí el manejo absoluto del Reino no fue, para Yehonala, una tarea sencilla. Su sobrino había entreabierto las puertas de un proceso transformador que resultaba difícil clausurar, al menos en forma total, de la noche a la mañana.

Con mal disimulada repugnancia debió –entre otras cosas– recibir en su palacio a las damas que integraban las legaciones extranjeras, beber té con ellas, hablar de moda y de peinados y soportar sus ojos claros, sus envolventes perfumes y sus senos asomando por el escote de sus vestidos.

No era eso, sin embargo, la principal incomodidad.

Las guerras, las particiones territoriales y los años de tibia administración reformista habían generado cambios que poco tenían que ver con las rígidas tradiciones manchúes y con los principios confucianos.

Pese al sistemático combate que soportaron de parte del gobierno manchú, los misioneros religiosos que llegaban a China desde Europa para difundir el cristianismo habían logrado parte del objetivo. Así, muchos campesinos y comerciantes abandonaron el budismo para recalar en la Biblia. Lo cual no fue un dato menor, porque todos ellos dejaron de mostrar sumisión al Hijo del Cielo para inclinarse sólo ante Cristo.

En otro plano, la importante presencia de comerciantes extranjeros recorriendo el territorio les había permitido a estudiantes y eruditos acceder con facilidad a las obras de los pensadores europeos, confirmando a través de ellos el retraso en el que se hallaba sumergida China.

Nada de esto ignoraba Yehonala; tampoco los Sombreros de Hierro.

Era menester tomar medidas drásticas, si de recuperar el viejo orden se trataba.

Capítulo VIII
El sabor de la derrota

*E*n marzo de 1898, en una pequeña aldea de la provincia de Shandong, había ocurrido un incidente que pasó casi inadvertido para las autoridades nacionales. Un grupo de misioneros europeos que predicaban en la zona procurando convertir a los campesinos al cristianismo reclamó para sí una antigua iglesia católica que había sido confiscada por el emperador chino varios años antes.

El reclamo desató una disputa entre parte del campesinado de la aldea y los misioneros; disputa que fue saldada por el gobernador a favor de los religiosos. El fallo encendió la ira de un grupo ultratradicionalista, religioso y además guerrero. Se los conocía como los *yihétuán qiyi*, que significa algo así como "los puños rectos". Más tarde, los ingleses los llamarían *boxers*, o sea, "boxeadores".

Guerreros armados solamente con los puños y la espada, se decía de ellos que eran inmunes a las balas, gracias al ritual que practicaban para entrenarse en la pelea, y que, por eso mismo, estaban en condiciones de expulsar a los "demonios extranjeros". En la pequeña aldea de Shandong ya habían dado muestras de su ferocidad, encabezando una sublevación campesina que acabó no sólo con la iglesia, sino con la estabilidad de la provincia.

Tan apegados a las tradiciones y al modelo feudal como la Emperatriz Viuda, los *boxers* se habían opuesto a la política modernizadora de Kuang Hse, y trataron de combatirla aunque con poco éxito, porque el año de la sublevación y de los "cien días de las reformas", el propio ejército chino les demostró que eran tan víctimas de las balas como cualquier ser humano.

Pero tras el golpe de Estado, los inquietos "boxeadores" se pusieron a las órdenes del poder imperial reconstituido bajo el comando de la Venerable Madre. Y Tzu Shi [recordemos, nombre oficial de Yehonala] no pensaba desaprovechar la energía de tan "selecto" grupo de combate.

Puños xenófobos

La alarmante situación económica y social que envolvía al Imperio, y que amenazaba profundizarse, era, sin lugar a dudas, el principal dolor de cabeza tanto de Yehonala como de los príncipes y generales que la acompañaban en el camino de regreso a las tradiciones.

Podían ser conservadores, pero no eran ciegos. La cuestión se había debatido en las audiencias que sucedieron al golpe de Estado, y los cortesanos aguardaban con ansiedad una decisión de la Vieja Buda al respecto. Y la hubo.

Yehonala suponía que China era incapaz de responder a las constantes humillaciones a que era sometida por los "bárbaros" extranjeros simplemente porque carecía de ejércitos y armamentos adecuados. Ni ella ni la rancia nobleza manchú le asignaban a la economía y la tecnificación un rol que valiese la pena analizar. Imaginaban que cuando pudiesen expulsar a los extranjeros, retomarían el control de los estados vasallos, logrando que el río de tributos volviera a colmar las arcas imperiales. Se decidió, entonces, poner manos a la obra.

A juicio de la Emperatriz Viuda, Jung Lung ya había pagado su pecado de amor en el lejano Tientsin, había probado su fidelidad política a la Emperatriz y a los Sombreros de Hierro frustrando el intento golpista de los reformadores, y era el comandante militar más experimentado y respetado en las fuerzas armadas imperiales. Él debía encabezar el nuevo proceso "reformador" que se proponía llevar adelante Yehonala.

Se optó, entonces, por hacerlo regresar a Pekín, incorporarlo al Gran Consejo y asignarle la misión de reorganizar y rearmar a las tropas que tendrían la función de expulsar a los "bárbaros" del Reino del Cielo. Debía reunir y disciplinar a un ejército de 100 mil hombres que, divididos en diferentes regimientos, fueran capaces de asegurar una poderosa presencia militar en todo el país.

Pero mientras su amado primo se ocupaba de ampliar y entrenar a las fuerzas regulares, la Venerable Madre tenía decidido avanzar por un atajo. Dos emisarios de la Emperatriz fueron enviados para acordar con los *boxers* el combate a los extranjeros; algo que Jung Lung jamás hubiese consentido.

Atizados por la venia imperial y por sucesivos periodos de sequía atribuidos a la nueva religión que proclamaban los misioneros que llegaban de Europa, los *boxers* comenzaron formalmente una rebelión que, partiendo desde el sur, avanzó hacia Pekín.

Bajo la consigna de "muerte a los bárbaros extranjeros", los boxeadores y karatecas reunían adhesiones mientras marchaban por el país asaltando iglesias, matando misioneros y atacando a todo aquel que careciera de ojos rasgados y piel cetrina.

Al comenzar el nuevo siglo, los hombres de vincha, túnica roja y puño de acero, junto con sus seguidores, se contaban por miles. Debían ser tomados en serio, y eso fue lo que hicieron las legaciones extranjeras en Pekín.

Mientras los embajadores enviaban cables alarmantes a sus distintos gobiernos respecto de la situación en China, Kang Youwei, desde Japón, informaba a la prensa extranjera de las malvadas intenciones de la Emperatriz Viuda.

Los *boxers* no contentos con liquidar misioneros apuntaban además a sus compatriotas conversos al cristianismo, y la –en este aspecto– incauta Tzu Shi disfrutaba del horror en el que se habían sumido los "bárbaros".

Entretanto, en su prisión de cristal, el Hijo del Cielo languidecía, cada vez más enfermo y desatendido, incluso por sus propios eunucos.

Ahora, el objetivo de Yehonala era ver morir de una vez por todas a su desobediente sobrino, coronar a otro niño que garantizase la indefinida permanencia de los tradicionalistas manchúes y expulsar a los demonios que tanto daño le habían hecho al Reino Celestial.

En junio de 1900, las hordas de los *boxers* estaban ya en las puertas de Pekín. Su objetivo, ahora, era asaltar las embajadas occidentales y de Japón.

El enemigo occidental

Los altos muros de las residencias de los embajadores en la calle de las legaciones en Pekín apenas podían contener la zozobra en que vivían los otrora altivos funcionarios. Al comenzar junio, las peores noticias comenzaron a llegar desde los arrabales de la ciudad capital.

El día 3 de junio arribaron los cincuenta y seis *marines* enviados por los Estados Unidos para defender a sus diplomáticos, y nadie dudó de que aquello no era más que un pequeño ladrillo para tratar de contener a un océano enfurecido que mataba, incendiaba y arrasaba a su paso.

Seis días después de la llegada de los *marines*, los *boxers* habían llegado ya al borde de todas aquellas murallas que, paradójicamente, no habían sido construidas para proteger, sino para aislar a los extranjeros.

Cuando comenzaron los ataques, Sir Claude McDonald, el embajador británico, comprendió que la vida de todos cuantos se refugiaban tras los muros pendía de un hilo y cablegrafió a su gobierno solicitando la urgente presencia militar en Pekín; la fuerza, según sostenía el diplomático, debía ser importante y no como la enviada por los Estados Unidos.

Londres tampoco ignoraba lo dramático de la hora, y despachó a 2 100 soldados al mando del almirante Sir Edward Seymour para proteger a los aterrados embajadores. Tanto Estados Unidos como Francia, Alemania y Rusia colaboraron con hombres para que integraran las tropas del almirante inglés.

Desde luego, no sólo en el terreno bélico se dirimía el conflicto. Diplomáticamente, los gobiernos extranjeros que estaban repartiéndose el territorio chino le habían elevado a la Emperatriz Viuda una protesta formal por lo que consideraban una deliberada inacción del Estado ante la furia *boxer*.

Convencida de que esta vez sí los "bárbaros" tendrían el castigo merecido, Yehonala les respondió que los "boxeadores" no eran más que un sector de la sociedad china enfurecido por los atropellos extranjeros.

Ante la respuesta de la Venerable Madre, la negociación se terminó.

El 10 de junio, la "misión Seymour" partió en tren desde Tientsin, con el propósito de alcanzar Pekín pocos días más tarde. Pero los rebeldes ya estaban preparados para evitar que los "demonios" llegaran fácilmente a la capital. Se cortaron las líneas telegráficas que establecían la comunicación entre una ciudad y otra, se dinamitaron las vías para impedir el avance del convoy y una turba de furiosos karatecas atacó a los militares foráneos cuando el tren tuvo que detenerse.

La furia desatada

En Pekín, entretanto, se ignoraba lo que estaba ocurriendo, y los embajadores aguardaban ansiosos el arribo de sus protectores armados.

Keith Laidler narra lo ocurrido tras la inútil espera. Fue el primero de una serie de hechos que sembraron el terror en la calle de las legaciones:

"Varios diplomáticos se aventuraron hasta la estación de Ma Chia Pu para aguardar la ansiada llegada de las fuerzas. Pero las horas pasaban sin novedad [...] Uno por uno los diplomáticos regresaron a sus respectivas legaciones hasta que sólo quedó el señor Sugiyama, el canciller japonés".

Harto de esperar inútilmente, también el diplomático nipón decidió regresar a su residencia, montado en el mismo carro chino que lo había llevado hasta la estación.
Continúa Laidler:

"Cuando pasaba ante la puerta principal del sur de la ciudad, los guerreros musulmanes de Tung Fu-hsiang [...] de pronto rodearon el carro [...] En pocos instantes bajaron a Sugiyama a la rastra y lo arrojaron al suelo. Con la culata de sus fusiles le destrozaron el cráneo y dejaron su cuerpo tirado en el camino de tierra".

Cuando la noticia cruzó los muros de las residencias diplomáticas, los embajadores comprendieron en forma cabal que los insurgentes llevarían su furia hasta las últimas consecuencias, y que el gobierno chino no movería un dedo para impedirlo.
Esta presunción no tardó en confirmarse.
El 20 de junio, los *boxers* asaltaron la embajada de Alemania, situada fuera de los muros que resguardaban a las otras legaciones y, tras capturar al embajador Klemens von Ketteler, lo ejecutaron sumariamente. La reacción de los rebeldes tenía una explicación.
Dos días antes del asalto a la legación germana, el intolerante Von Ketteler, un noble fanfarrón y violento, se había cruzado con un niño chino en la calle y, suponiendo

que era una suerte de espía de los *boxers*, lo golpeó con la punta de acero de su bastón hasta matarlo.

Había brindado el criminal espectáculo frente a la mirada absorta de decenas de comerciantes y transeúntes, algunos de los cuales informaron luego del suceso a los insurgentes.

Un vez más, la alianza extranjera le declaró la guerra a China, pero, ahora, en lugar de tender un puente negociador, el Trono del Dragón respondió aceptando el desafío.

Yehonala, la entonces todopoderosa Tzu Shi, acaso demasiado influenciada por el entusiasmo de los Sombreros de Hierro y por la alianza táctica establecida entre las tropas regulares del Ejército Imperial y los rebeldes tradicionalistas, supuso que era la hora de escarmentar a los "demonios" y recuperar la dignidad perdida.

Y durante varios días, los hechos parecieron confirmar su certeza.

Reacción y cálculo

El 22 de junio, la "misión Seymour" debió regresar a Tientsin, incapaz de superar la resistencia *boxer*, y las legaciones quedaron libradas a su suerte. La defensa de los diplomáticos "bárbaros" durante el asedio y sitio de las embajadas fue heroica; o al menos así lo creyó Occidente.

Sin medicinas ni provisiones, sin armamento de gran calibre, con excepción de un cañón construido de apuro y con lo que había a mano, sólo los inexpugnables muros salvaron a los extranjeros de ser triturados por la furia rebelde.

Fuera de las fronteras del Imperio, en Estados Unidos y en Inglaterra, en particular, la figura de Tzu Shi se había convertido en un símbolo de la perversidad, la ignorancia, el autoritarismo y la crueldad.

No parecía casual.

Valiéndose de la intensa propaganda desplegada por los reformistas exiliados, que los periódicos reproducían con avidez, los librecambistas podían justificar sus atropellos a la soberanía china y el desguace del Imperio que se proponían completar. Así, justificaban sin demasiado esfuerzo las invasiones y matanzas que venían perpetrando desde hacía más de medio siglo.

Ayudaban, por supuesto, el primitivismo manchú y su llamativa incapacidad para comprender, aunque fuera en parte, el nuevo mundo en el que vivían.

Sterling Seagrave, que procuró desmitificar aquella imagen que Occidente tenía de Yehonala, dice en un párrafo de su bien documentado libro:

"Los comandantes aliados, con órdenes de explotar la situación, empezaron una guerra con China no para rescatar a las legaciones, sino para apoderarse de la mayor cantidad de territorio posible antes de que el Imperio se deshiciera, lo que esperaban que ocurriera en cualquier momento. En consecuencia, lejos de ser un ejemplo de perfidia china, el asunto *boxer* es un monumento a la hipocresía occidental".

Para europeos y japoneses, lo que había en juego en aquellos turbulentos días de mediados de 1900 era demasiado. No estaban dispuestos a permitir que una turba de fanáticos con vincha y túnica roja hiciera tambalear sus "posesiones" allende los mares.

La Alianza de las Ocho Naciones, como se conoció entonces a la fuerza de intervención que formaron Gran Bretaña, Estados Unidos, Francia, Rusia, Austria, Japón, Italia y Alemania, reunió a un ejército de 55 mil hombres que, al mando del general británico Alfred Gaselee, desembarcó en Tientsin los primeros días de julio de 1900, listo para marchar sobre Pekín.

La marcha de los aliados

El 14 de julio, la sureña ciudad sitiada capituló ante las fuerzas extranjeras, despejando el camino hacia el destino final: la Ciudad Prohibida.

El 4 de agosto, los invasores iniciaron el viaje de 120 kilómetros que los separaba de Pekín, bajo un sol inclemente que levantaba la temperatura hasta los 42°.

Alrededor de 70 mil soldados de las fuerzas imperiales, más 20 mil furiosos *boxers*, los esperaban a lo largo del camino para cerrarles el paso. Pero tanto Yehonala como Jung Lung habían calculado mal los tiempos.

La rebelión *boxer* precipitó la hora en que extranjeros y manchúes debían volver a verse la cara en un campo de batalla, y fue poco lo que en ese lapso Jung pudo hacer para rearmar y disciplinar a sus tropas.

Pese a la gran superioridad numérica de los defensores del Trono del Dragón, las fuerzas de la Alianza de las Ocho Naciones apenas si tuvieron dificultad para barrer a los chinos que les salían al paso. Tanto que, tras una batalla de consideración que se libró en las proximidades de Yancun, no volvieron a suceder enfrentamientos abiertos. Las tropas regulares y sus aliados rebeldes se limitaron a librar una guerra de guerrillas que poco interfirió en la marcha de los invasores hacia Pekín.

Cuando llegó a la capital la información de que el Ejército Imperial apostado en la ruta no había logrado detener a los "demonios extranjeros", se impartió la orden de que el resto de las tropas regulares rodearan Pekín para impedir la entrada, al tiempo que se enviaba a dos emisarios para que negociaran con los invasores algún tipo de acuerdo.

No fue posible. Como siempre, desde el comienzo de la Primera Guerra del Opio, europeos y japoneses aprovechaban cualquier incidente armado para reclamar mayor injerencia en los asuntos del Estado chino. Esta vez, las condiciones para la paz rebasaron toda aceptación posible.

Se exigía, entre otros reclamos, que los ingresos públicos fuesen recaudados y administrados por los embajadores y que el comando de las fuerzas armadas chinas debía reportar a los gobiernos de los países extranjeros. Esto era inaceptable desde cualquier punto de vista.

Años después se dijo que, en rigor de verdad, el documento con las condiciones para la paz reclamadas por los extranjeros era apócrifo; que había sido redactado por un príncipe ultraconservador con el objeto de que China fuera, una vez más, a la guerra contra los invasores.

Jamás pudo develarse el misterio, pero la Corte creyó en la autenticidad del papel, por la política que hasta entonces habían venido llevando adelante los occidentales y Japón.

La huida

El 14 de agosto, el ejército de la Alianza de las Ocho Naciones entró a Pekín, pulverizando la resistencia inicial de los defensores, aunque debiendo librar decenas de combates callejeros.

Dos días más tarde, la Emperatriz Viuda, junto al resto de la Corte, huyó hacia Xi'an, todos disfrazados de campesinos y sobre rústicos carromatos, mientras los insurgentes, los restos de las tropas imperiales y los soldados extranjeros se mataban unos a otros en las callejuelas del barrio Tungchiao Minsiang, donde se alzaban los muros de las legaciones.

Mientras tanto, con la explícita autorización de Gaselee, los soldados de los ocho países involucrados se lanzaron al más desenfrenado saqueo de la ciudad, incluyendo la Ciudad Imperial, en la que incluso fueron carneados los animales que habitaban en el interior en calidad de mascotas.

A los saqueos les sucedieron las violaciones, y a ellas, los asesinatos de civiles, incluyendo niños. Toda la "evolución" de Occidente salió a la luz en aquellos días de triunfo de la "civilización" sobre la barbarie.

El 7 de septiembre, el festín sangriento concluyó. Se había honrado con creces los deseos del Kaiser, Guillermo II, quien desde su lujoso palacio reclamaba:

"... que la palabra *alemán* se recuerde en China durante mil años, de modo que ningún chino vuelva a atreverse siquiera a mirar mal a un alemán".

El mismo día del año siguiente, 1901, en Xi'an, los "demonios extranjeros" obligaron a los gobernantes manchúes a firmar un nuevo y leonino tratado. Se lo conoció como el Protocolo Boxer, y exprimía hasta la última gota de los recursos del Estado.

Los extranjeros exigían 300 millones de dólares en concepto de reparaciones; cifra que sería abonada a lo largo de cuarenta años, pero que los chinos no podrían afrontar, excepto con nuevos empréstitos concedidos por los usurarios banqueros europeos.

Los vencedores reclamaban, además, la apertura de los últimos puertos por los que aún no podía entrar mercancía de Occidente y Japón, y conminaban al gobierno a ordenar la pena de muerte para diez oficiales del Ejército Imperial.

Por último, el Trono del Dragón se comprometía a permitir la presencia permanente de tropas en territorio chino. No era mucho lo que ya le quedaba por ceder a la desfalleciente dinastía Qing.

Capítulo IX
Hora de tinieblas

*E*s posible que si la categórica derrota sufrida por los manchúes en 1901 hubiese ocurrido al concluir la Segunda Guerra del Opio, la suerte de China como país habría sido diferente.

Pero el siglo XX traía consigo nuevas exigencias y serios desafíos para las naciones que habían dominado la escena internacional a lo largo del siglo que se iba. La ocupación territorial ya no reportaba los beneficios de antaño, porque una nueva forma de sometimiento asomaba en el horizonte: la dependencia económica.

Con excepción de Rusia, que anhelaba anexar Manchuria, y de Japón, que sí necesitaba contar con más territorio, para los europeos ocupar la enorme China era un proyecto poco apetecible. Hundida en un peligroso estado de convulsión interna, empobrecida y habitada por una población mayoritariamente inculta y aferrada a tradiciones milenarias, cualquier intento de administración y modernización del país le exigiría a quien lo asumiera un considerable esfuerzo en recursos, tanto humanos como económicos.

Por ello, el Protocolo Boxer no incluía reclamos territoriales, como no fuera el de Rusia. Sonaba mucho más conveniente permitir que fueran Yehonala y su fracción de tradicionalistas quienes lidiaran y pagaran el precio de la inevitable tarea de modernización que se debía llevar a cabo en el gigante de Asia.

La retirada de los europeos, el 6 de octubre de 1901, abrió un nuevo escenario para Tzu Shi. Ahora tenía que gobernar el gigantesco reino desprovista del aura de santidad que debía tener una emperatriz para ser respetada por su pueblo; Kuang Hsu apenas podía tenerse parado a causa de las enfermedades que minaban su cuerpo; la eventual sucesión sería otro grave conflicto en la Corte; y, por último, la tropas extranjeras significaban una afrenta permanente.

Con los rusos ocupando Manchuria, que habían prometido devolver en 1903, cosa que no ocurriría, Yehonala comenzó con la ingrata tarea de restaurar las reformas que había iniciado su sobrino.

Estaba vieja, cansada y rodeada por "bárbaros" que observaban de cerca cada uno de sus movimientos. Sin embargo, seguía creyendo que con un poco de paciencia y el tiempo suficiente podría rescatar el Reino de la infamante tutela occidental, y regresar a las viejas tradiciones con, apenas, algunos retoques en la economía.

Tampoco el sueño de un poderoso ejército manchú había quedado en el olvido, pese a que al comenzar el año en que los rusos debían abandonar Manchuria, su amado primo dejó el mundo de los vivos, con los pulmones exhaustos en su lecho de sábanas amarillas.

Por paradójico que parezca, la muerte de Jung Lung le dio un nuevo impulso al ánimo de Yehonala. Perdió a su último aliado, es cierto, pero en la corte las intrigas ya no eran lo que habían sido, y nadie pretendía arrebatarle un poder que, a los ojos de los conservadores, valía poco y nada.

Las especulaciones de la Viuda

Aislada de todos en su parecer, no era aquello lo que pensaba la Venerable Madre. Para ella, nada estaba del todo perdido. Hasta entonces no había logrado que los "demonios extranjeros" se destrozaran entre sí para satisfacer sus ambiciones imperialistas, pero ahora confiaba en que la antigua táctica china diera resultados.

En efecto, la presencia de los hombres del zar en Manchuria tenía dos objetivos perfectamente definidos: controlar la ruta del ferrocarril del sur de Manchuria y adueñarse de Port Arthur, en la península de Liaotung, casi enfrente de Corea.

Los rusos no contaban con puertos de aguas cálidas que permitiesen hacer funcionar su comercio en temporadas invernales, y Port Arthur lo era; no se congelaba al llegar el frío.

Los japoneses, que aspiraban también a controlar el puerto a los efectos de contar con una base estratégica para afianzar su proyecto imperial, le habían reclamado una y otra vez al zar que cumpliera con su palabra de retirar las tropas de Manchuria, reclamo que fue ignorado.

Yehonala había evaluado que el fuerte conflicto de intereses acabaría en una disputa bélica, por lo que se abstuvo de ir más allá del reclamo diplomático cuando se cumplió el plazo fijado por los propios rusos ante el resto de los países extranjeros.

Si los "bárbaros" se destruían uno al otro, el Trono del Dragón se habría librado al mismo tiempo de sus dos enemigos más incómodos, los únicos que apetecían territorio chino.

La Emperatriz Viuda no ignoraba que, desde 1902, los japoneses habían iniciado un rearme intensivo de su flota de mar, comprándole buques de guerra a Gran Bretaña, Estados Unidos, Francia, Italia y Alemania. El zar Nicolás II, en cambio, confiaba en sus enormes ejércitos.

En enero de 1904, Mutsuhito, emperador Meiji, consideró que el plazo concedido a los rusos para que evacuaran Manchuria había terminado. El Zar ignoraba los reclamos y ni siquiera se había tomado el trabajo de responder. La hora de probar a su nueva marina de guerra había llegado.

En la mañana del 8 de febrero, seis cruceros y tres torpederos nipones fondearon en el puerto de Chemulpo y, ante la mirada atónita de los soldados rusos que vigilaban la zona, comenzaron a desembarcar todo un ejército.

A la mañana siguiente, el contralmirante Uryu Sotokichi le informó al capitán ruso a cargo del crucero y la cañonera amarrados en el puerto que si no se retiraban inmediatamente del lugar, lanzaría un ataque contra barcos y soldados.

El puerto era neutral y tampoco había habido una declaración de guerra por parte del Imperio Japonés, por lo que el capitán Vsevolov Rudnev se negó a cumplir con la exigencia del contralmirante, y le informó que si deseaban combatir, debían hacerlo en aguas internacionales.

Sin recibir respuesta, pero asumiendo que Sotokichi aceptaba el convite, Rudnev ordenó que su flota de dos barcos se alejara del puerto para combatir.

No fue posible. Apenas las naves rusas comenzaron a moverse, el contralmirante ordenó abrir fuego a mansalva, destruyendo los buques del Zar y cobrándose más de doscientas víctimas.

El reloj histórico

El 10 de febrero se produjo la declaración oficial de guerra y comenzaron los combates entre los enemigos de China. Con Japón deseoso de probar su flamante poderío bélico, que podría convertirlo en una nueva potencia internacional, y Rusia envuelta en una convulsión interna que desembocaría en la revolución de febrero de 1905, el resultado de guerra podía preverse, aunque para Occidente haya sido sorpresivo.

Cerca de 2 millones de soldados, entre rusos y japoneses, participaron de la guerra que se extendería hasta el 5 de septiembre de 1905, cuando capituló Port Arthur, defendido por los soldados del Zar.

Y aunque jamás se conoció la cifra exacta de bajas, entre muertos y heridos, que arrojó la contienda, se ha calculado que cerca de 300 mil hombres quedaron fuera de combate, con un dato significativo: las bajas japonesas superaron en número a las rusas.

Desde la Ciudad Prohibida, Yehonala y la Corte manchú siguieron con atención el desarrollo de la guerra. Parte del futuro del Reino Celestial estaba también en juego mientras tronaban los cañones.

El triunfo nipón le dejó a la Venerable Madre una conclusión contundente: si China podía armarse como lo había hecho Japón, un porvenir venturoso la aguardaba a la vuelta de la esquina. Sin embargo, nada de eso sería posible careciendo de los recursos económicos con los que sí había contado Japón para comprarles a los "demonios extranjeros" los buques y el armamento con que pusieron de rodillas al Oso ruso.

Para la aristocracia conservadora, aquella conclusión evidente no fue una novedad. Muchos a lo largo y a lo ancho del Reino pensaron lo mismo, y eso significaba reconocer que los reformistas y el emperador cautivo tenían razón.

Es cierto que la mayoría de los líderes de la reforma estaban muertos o exiliados; pero, aun recluido y enfermo, Kuang Hse seguía allí, listo para reasumir el poder efectivo y comenzar a cobrar viejas deudas y arteras traiciones.

El triunfo de Japón en la guerra produjo fuertes reacciones tanto en el seno del Reino de los Cielos como en Europa. Al interior de China, la nobleza, fundamentalmente los nobles Han pero también los reformistas manchúes, comenzaron a exigir con vehemencia el reinicio del proceso transformador, tanto como la puesta en marcha de una monarquía constitucional que introdujera al Reino en el siglo XX.

Para los europeos, en tanto, el "sorpresivo" triunfo nipón significaba una peligrosa amenaza. China estaba inerme y no debían preocuparse por ella, Rusia sabía negociar y conocía los límites que fijaba la puja internacional, pero Japón se había transformado en un mastín sin correa. Resultaba imperioso equilibrar las fuerzas en la región.

A través de sus embajadores, los países de Occidente conminaron a Yehonala: debía retomar el camino reformista iniciado por su sobrino, fijar un plazo para que el gobierno se transformase en una monarquía parlamentaria y evitar que Kuang Hse fuese presa de una "repentina enfermedad mortal".

A cambio, los europeos se comprometían a evaluar la posibilidad de aliviar la pesada carga que significaban los resarcimientos de la guerra para el erario público.

Cuando las exigencias y la propuesta llegaron a la Corte, la Emperatriz Viuda comprendió que sería imposible seguir negándose a modernizar el Reino de los Cielos.

La hora del ocaso

La deuda con los banqueros extranjeros ahogaba no sólo a la "gente estúpida", que debía cargar con impuestos asfixiantes, sino también a los propios nobles manchúes, a quienes ya ni la corrupción les resultaba rentable.

En China, todo era pobreza.

Sin mayores posibilidades de maniobra, y sin apoyos políticos contundentes, Yehonala anunció toda una larga lista de reformas políticas y económicas entre las que sobresalían la prohibición de la tortura y la puesta en marcha del nuevo régimen de gobierno a partir de 1912, consistente en una monarquía parlamentaria.

Pero la Historia no había elegido a la dinastía Qing para transformar China.

En el atardecer del 14 de noviembre de 1908, después de haber estado postrado en su cama durante casi un mes, murió Kuang Hse. Tenía cuarenta años y no es posible saber si existió o no alguna mano misteriosa que lo ayudara a viajar hacia las Fuentes Amarillas.

Una vez más, la Vieja Buda, con sus setenta y tres años a cuestas, debía nombrar a un heredero al Trono del Dragón. Y se decidió por Puyi, nieto de Jung Lung y sobrino nieto de ella.

El flamante Emperador tenía apenas tres años, por lo que el gobierno hubiera seguido en manos de Tzu Shi al menos una década y media más. No sería así, también a ella la aguardaban las Nueve Fuentes.

Un día después de la muerte de Kuang, la Emperatriz Viuda dejó de existir. Era el 15 de noviembre de 1908. Había anhelado el poder desde su época de concubina, se había aferrado a él por décadas...

Se cuenta que murió con la boca abierta, señal de que su alma se negaba a dejar este mundo.

Epílogo

Yehonala fue una de las personalidades políticas más controversiales de la última mitad del siglo XIX. Inteligente, ambiciosa y con una fortaleza de carácter muy poco común en las mujeres de su época, y mucho más entre las que vivían en el Imperio Chino de la dinastía Qing, Orquídea fue la gran excepción en la historia de China.

Ninguna mujer, hasta el momento en que ella asumió la corregencia de su pequeño hijo, ungido emperador, había gobernado en forma efectiva el Reino. Ni siquiera lo hizo su prima, esposa principal del emperador muerto y por tanto superior a ella como corregente del niño.

Para Occidente, sin duda, la enigmática dama pasó de ser una curiosidad difícil de comprender a transformarse en la más impúdica y maligna mujer que en esa época existía sobre la tierra.

El desprecio, claro, no era casual ni desinteresado.

Yehonala representaba un bloque de contención si no a los intereses mercantiles, al menos a la penetración cultural de los librecambistas europeos, y por ello terminó pagando con su propia reputación.

La última emperatriz vivió y gobernó (con puño de acero) en un mundo de hombres y en un reino en el que el valor de la vida humana tenía relación directa con el poder que se detentaba.

Ni la tortura, ni las crueles condenas a muerte, ni las intrigas cortesanas habían llegado a China de la mano de la bella muchacha que un día cruzó los muros de la Ciudad Prohibida.

Juzgar sus acciones a un siglo y medio de distancia, con la mirada y los valores de la actualidad, no es un buen método para intentar comprenderla. Dejarse llevar por la opinión de la prensa de entonces, tampoco.

En la Corte China del siglo XIX no era sencilla la vida para quienes amenazaban comprometer los privilegios de la elite gobernante; mucho menos si era mujer.

Una concubina, devenida emperatriz por haber engendrado al único hijo varón del monarca, podía transformarse en odiada enemiga si el emperador moría. Le quedaban, entonces, dos caminos: luchar o desaparecer de escena, en el más literal sentido del término.

Yehonala eligió luchar. Por supervivencia, pero también porque pronto comprendió que amaba el poder de modo casi obsesivo.

Además, a Orquídea le tocó gobernar en un tiempo particularmente difícil para quien se sentase en el Trono del Dragón, sea quien fuere.

Los chinos estaban convencidos de que eran los elegidos del Cielo (trataban de "bárbaros" a todos los extranjeros) y de que sus tradiciones, tanto como su sabiduría, se hallaban por encima del resto del mundo. Todo cambio podía provocar un tembladeral en la calcificada estructura social de la China de los emperadores.

Yehonala no vio, no pudo ver, la necesidad que tenía el Imperio de adaptarse a la irrupción del capitalismo y a la revolución industrial de Occidente, es cierto. Pero tampoco sus antecesores lo habían comprendido, como sí lo hizo la dinastía Meiji en Japón. Claro que Japón estaba muy lejos de ser un poderoso gigante como era la China de los manchúes.

Se la acusó de impiedad y es justo, aunque a nadie le resultó sencillo recordar a emperadores más piadosos que ella. Las propias potencias europeas, escudadas tras la pantalla del libre comercio, forzaron, con las armas en la mano, el envenenamiento de la población china por la vía del consumo del opio. Curiosa piedad, por cierto.

Sea como fuere, la historia de Yehonala y por extensión la de la China de la última mitad del siglo XIX y la primera del siglo XX, merece ser contada una y otra vez. La distancia aumenta la perspectiva y permite descubrir nuevos y significativos matices.

La controversia en torno de una de las mujeres más relevantes de la historia de la humanidad continuará, sin dudas; los principales interrogantes también.

¿Estaríamos hoy ante la presencia de un gigante asiático diferente del que conocemos si Tzu Shi hubiese abrazado ella misma el proceso de reformas que China necesitaba?

¿Podía una mujer de mediados de 1800, educada en el cepo de la cultura imperial, desprenderse de una férrea concepción tradicionalista?

Como la historia de los grandes hombres y mujeres que dejaron sus huellas en la memoria colectiva de la humanidad, la de Yehonala es una invitación al debate y la reflexión.

Merece serlo, porque su país no sería el mismo, para bien o para mal, si ella no lo hubiese gobernado durante cincuenta años.

Nómina de personajes

*E*l presente listado da cuenta sólo de algunos de los personajes relevantes en este tramo de la historia de China, el apasionante lapso que contó a Yehonala como inevitable protagonista.

El orden de mención no es alfabético ni se consigna como es habitual, primero el apellido y luego el nombre, pues no es así como han aparecido en el texto y la finalidad principal de este listado es orientar la lectura, o reafirmar el conocimiento de los personajes una vez concluida ésta.

La sucesión es arbitraria o, en todo caso, obedece a una jerarquización personal, propia de la autora.

De todos modos, el orden de mención no dista mucho del de aparición en estas páginas. Se consignan además las distintas grafías con que se suele mencionar a cada uno de los personajes chinos, por más que en este texto, en algunos casos, hayamos usado sólo una de ellas.

Kuang Hsu, o Guangxu:
Emperador de China entre los años 1875 y 1908. Se lo recuerda por ser el propiciador de "Los cien días de las reformas", una política que pretendía modernizar el Imperio.

Yehonala, o Cixi, u Orquídea, o Tsu Shi:
Concubina del emperador Hsien Feng; luego Emperatriz Viuda, o Emperatriz del Oeste, o Venerable Madre.

Alute o A-Lu-Te:
Emperatriz. Esposa del emperador Tung Chih.

Tung Chih, o Tongzhi:
Hijo de Yehonala. Fue emperador de China entre 1861 y 1875.

Tan Ssu-Y'ung o Tan Sitong:
Reformista revolucionario que decidió convertirse en mártir tras ser descubierto el golpe de Estado del emperador Kuang Hsu.

Jung Lung, o Jung Lu, o Ronglu:
Primo de Yehonala y comandante del Ejército Imperial chino. Fue también el prometido de Orquídea, antes de que ésta ingresara a la Ciudad Prohibida.

Quianlong, o Ch'ien-Lung:
Emperador de China entre los años 1711 y 1796. Se lo consideró uno de los más importantes monarcas del Imperio.

Hsien Feng, o Xiangfeng:
Emperador de China entre los años 1831 y 1861. Fue quien convirtió a Yehonala en emperatriz por haberle dado su único hijo varón.

Yehonala con damas de su Corte. Occidente prefería reflejarla siempre como una déspota impiadosa, ya que la Viuda se oponía a sus objetivos comerciales y expansivos en los territorios dominados por China.

Kangxi, o K'ang Hsi:
Emperador de China entre los años 1662 y 1722. Fue quien consolidó a la dinastía Qing en el trono del Imperio Chino.

Kang Youwei, o K'ang Yu-wei:
Erudito y político reformista. Fue el principal asesor del emperador Kuang Hse, quien llevó adelante "Los cien días de las reformas".

Yongzheng, o Yung-cheng:
Emperador de China entre los años 1722 y 1735. Sucedió al emperador Kangxi y fue el padre de Quianlog, uno de los más venerados y respetados monarcas del Imperio.

Sakota, o Ci'an, o Nuharoo:
Emperatriz, consorte del emperador Hsien Feng. Era prima de Yehonala y compartió con ella la regencia del emperador Tung Chih.

An-te-hai, o An Dehai:
Jefe de los eunucos. Fue el principal aliado de Yehonala cuando ésta ingresó a la Ciudad Prohibida, y siguió siéndolo luego, cuando la ex concubina ya era emperatriz.

Kung, o Gong:
Príncipe, hermano del emperador Hsieng Feng y principal figura en la Corte china durante las sucesivas regencias de Yehonala.

I, o Yi:
Príncipe conservador, integrante de la fracción de los Sombreros de Hierro. Fue parte del golpe de Estado contra el emperador Kuang Hsu.

Tung Chih, hijo verdadero de Yehonala. Ésta era la que en realidad gobernaba detrás de bambalinas.

Li Lieng-Ying:
Jefe de los eunucos tras la ejecución de An-te-hai. Fue también un importante aliado y asesor de Yehonala.

Longyu, o Long You:
Emperatriz de China. Esposa y prima del emperador Kuang Hsu.

Nurhachi, o Hung Taiji:
Fundador del estado manchú a comienzos del siglo XVII. Se declaró emperador en 1609.

Sir Edward Seymour:
Almirante inglés que comandó la misión militar que debía levantar el sitio a las legaciones extranjeras establecido por los *boxers*.

Su Shu, o Sushun:
General y príncipe manchú, miembro del Gran Consejo y líder de los Sombreros de Hierro. Pretendió convertirse en regente de Tung Chih, a la muerte del emperador Hsien Feng. Fue condenado a muerte, cuando se descubrió su conspiración.

Weng Tung-ho, o Weng Tonghe:
Tutor del emperador Kuang Hse. Fue un reformista que inspiró en el Emperador los cambios que éste intentó introducir en China.

Yuang Shi-kai, o Yuan Shikai:
Comandante del ejército chino que traicionó al movimiento reformista que pretendía expulsar a los conservadores del poder.

Puyi o Pu Yi:
Fue el último emperador de China. Tenía tres años cuando Yehonala lo eligió para suceder en el trono a Kuang Hsu.

El irreductible príncipe Kung posa para el fotógrafo John Thomson. Cuñado de Yehonala, Kung era astuto y tenía grandes apetitos de poder.

Sir Claude McDonald:
Embajador inglés durante el sitio a las legaciones extranjeras. Fue quien le solicitó a su gobierno el envío de las tropas internacionales que derrotaron a los *boxers* y al ejército regular chino.

Alfred Gasalee:
General británico que condujo las fuerzas internacionales de ocupación que derrotaron a los *boxers* y levantaron el sitio a Pekín.

Klemens von Ketteler:
Barón y embajador alemán ultimado por los *boxers*, luego de que el diplomático germano asesinara a un niño chino a bastonazos.

Daoguang o Tao Kwang:
Emperador de China entre los años 1821 y 1850. Debió padecer la Primera Guerra del Opio, y fue el primero en perder territorio chino a manos de las potencias extranjeras.

Zhen, o Perla o Chin Fei:
Concubina del emperador Kuang Hsu. Una de las personas que más lo impulsó a emprender el proceso de reformas.

Tseng Kuo-fang, o Zeng Goufan:
General chino, convertido en héroe nacional tras derrotar a los rebeldes Taiping.

Hung Hsiu-chuan, o Hong Xiuquan:
Líder de la secta Taiping que se declaró a sí mismo emperador.

Sun Pao-tien, o Sun Paotian:
Médico de la Corte que atendió al emperador Tung Chih y descubrió la enfermedad venérea que lo aquejaba.

Tsai Chen, o Zaizhen:
Hijo del príncipe Kung y amigo de la adolescencia del emperador Tung Chih. Se lo acusó de haber fomentado en el Emperador la vida disoluta.

Bibliografía

Buckley Ebrey, Patricia, *Historia de China,* Madrid: La Esfera de los Libros, 2009.
Carrington Goodrich, L., *Historia del pueblo chino,* México: Fondo de Cultura Económica, 1950.
Franke, Herbert y Rolf Trauzettel, *El Imperio Chino,* Madrid: Siglo XXI, 1993.
Haldane, Charlotte, *La última gran emperatriz de China,* Barcelona: Grijalbo, 1965.
Laidler, Keith, *Yehonala. La última emperatriz de China,* Buenos Aires: El Ateneo, 2005.
Ling Der, *Dos años en la Ciudad Prohibida. Vida de la emperatriz Tzu-hsi,* Barcelona: Montaner y Simón, 1913.
Lovell, Julia, *La Gran Muralla: China contra el mundo (1000 a. C.-2000 d. C.),* Barcelona: Debate, 2007.
Martinelli, Franco, *Historia de China,* Barcelona: Vecchi, 1975.
Min, Anchee, *La última emperatriz,* Buenos Aires: Grijalbo, 2009.
Seabald, Winfried Georg, *Los anillos de Saturno,* Barcelona: Anagrama, 2008.
Seagrave, Sterling, *La última emperatriz de China,* Buenos Aires: Javier Vergara Editor, 1993.

Spence, Jonathan, *El Gran Continente del Kan*, Madrid: Aguilar, 1999.

Taylor Headland, Isaac, *La vida cortesana en China: La capital, sus funcionarios y la gente*, Nueva York: Book Surge Classics, 2004.

Toledo, Joaquín, *Las Guerras del Opio: La prepotencia del imperialismo inglés*, Madrid: Historia Mundo, 2009.

Yuan Yang y Xiao Yan (compiladores), *Cuentos fantásticos de China*, México: Selector, 2004.

Índice

Introducción   7

Capítulo I   13
Una "Orquídea" para el emperador

Capítulo II   23
La concubina manchú

Capítulo III   33
Una mujer aguerrida

Capítulo IV   53
El hijo de dos madres

Capítulo V   63
Nada escapa a un ojo atento

Capítulo VI   73
Sorteando amenazas

Capítulo VII   93
China quiere vivir

Capítulo VIII   111
El sabor de la derrota

Capítulo IX   125
Hora de tinieblas

Epílogo   135

Nómina de personajes   *141*

Bibliografía   *153*

Yehonala, de Cordelia Callás,
fue impreso y terminado en enero de 2011,
en Encuadernaciones Maguntis,
Iztapalapa, México, D. F. Teléfono: 56 40 90 62.
Realización editorial: Page S. R. L. (page@fibertel.com.ar)
Corrección: Soledad Gómez
Interiores: Victoria Burghi

Dodge City Public Library
1001 N. Second Ave., Dodge City, KS